PETITE BIBLIOTHÈQUE DE LA FAMILLE

Mlle Z. FLEURIOT

LE

THÉATRE CHEZ SOI

PARIS
LIBRAIRIE HACHETTE ET Cie
79, Boulevard Saint-Germain, 79

LE

THÉATRE CHEZ SOI

AUTRES OUVRAGES DE Mlle ZÉNAÏDE FLEURIOT

PUBLIÉS PAR LA MÊME LIBRAIRIE

NOUVELLE COLLECTION POUR LA JEUNESSE

Format in-8, à **4 fr.** le vol. broché
6 fr. le volume relié en percaline, tranches dorées

MONSIEUR NOSTRADAMUS, 3e édition, avec 36 gravures.
LA PETITE DUCHESSE, 5e édition, avec 73 gravures.
RAOUL DAUBRY, *Chef de famille*, 3e édition, avec 32 gravures.
MANDARINE, 4e édition, avec 96 gravures.
GRANDCŒUR, 4e édition, avec 45 gravures.
CADOK, 3e édition, avec 24 gravures.
CALINE, 2e édition, avec 102 gravures.
FEU ET FLAMME, avec 70 gravures.
LE CLAN DES TÊTES CHAUDES, avec 65 gravures.
AU GALADOC, avec 60 gravures.

BIBLIOTHÈQUE ROSE ILLUSTRÉE

Format in-16, à **2 fr. 25** le vol. broché
La reliure en percaline rouge, tranches dorées, se paye en sus **1 fr. 25**

EN CONGÉ, 4e édition, avec 64 gravures.
BIGARRETTE, 4e édition, avec 55 gravures.
LE PETIT CHEF DE FAMILLE, 7e édition, avec 57 gravures.
PLUS TARD, *ou le Jeune Chef de famille*, 5e édition, avec 60 gravures.
UN ENFANT GÂTÉ, 4e édition, avec 48 gravures.
BOUCHE EN CŒUR, 2e édition, avec 45 gravures.
TRANQUILLE ET TOURBILLON, 2e édition, avec 45 gravures.
CADETTE, 3e édition, avec 25 gravures.
GILDAS L'INTRAITABLE, avec 56 figures (Suite : *Sous le Joug*).

PETITE BIBLIOTHÈQUE DE LA FAMILLE

Format petit in-16, à **2 fr.** le vol. broché

TOMBÉE DU NID, 3e édition (Suite de *Mandarine*).
RAOUL DAUBRY, 4e édition.
L'HÉRITIER DE KERGUIGNON, 3e édition (Suite de *Cadok*).
RÉSÉDA, 9e édition.
CES BONS ROSAËG ! (Suite de *Désertion*).
LE CŒUR ET LA TÊTE (Suite de *Tranquille et Tourbillon*).
— (Fin : *L'Exilée du Val Argand*, sous presse).
AU GALADOC (Suite du *Clan des Têtes chaudes*).

Imprimeries réunies, **B**, rue Mignon, 2.

Mlle ZÉNAÏDE FLEURIOT

LE
THÉATRE CHEZ SOI

COMÉDIES ET PROVERBES

NOUVELLE ÉDITION

PARIS

LIBRAIRIE HACHETTE ET Cie

79, BOULEVARD SAINT-GERMAIN, 79

1888

Droits de propriété et de traduction réservés

UN RÊVEUR

COMÉDIE EN TROIS ACTES ET EN VERS

PERSONNAGES

Monsieur BLOUAN.
Monsieur DE PRÉVANEAU, son gendre.
POLIXÈNE, fille de Monsieur de Prévaneau.
MARGUERITE, fille de Monsieur de Prévaneau, petite-fille de M. de Blouan qui l'appelle Marga.
Monsieur de SAINT-PÉRAY.
Monsieur PATERSON.
ROSE, servante.

La scène représente un grand appartement; au fond une alcôve.

ACTE PREMIER

SCÈNE PREMIÈRE
MONSIEUR BLOUAN, MARGA.

MONSIEUR BLOUAN.

Le trouves-tu, Marga?

MARGA.

Non.

MONSIEUR BLOUAN, avec un geste désolé.

S'il était perdu !

MARGA.

Perdu ! comment ! hier ne l'a-t-on pas rendu.
Un bloc de minerai, ce n'est pas une aiguille.

MONSIEUR BLOUAN.

Il s'en est égaré, tu le sais bien, ma fille.
Le vois-tu ?

MARGA.

Non. Cherchons parmi les gros cailloux.

Elle revient vers M. Blouan, un journal à la main.

Étendez ce journal, ainsi, sur vos genoux.

Elle jette le minerai sur le papier.

Tout est là, n'est-ce pas?

MONSIEUR BLOUAN.

Non.

MARGA.

Cherchez bien, bon père.
Voyez ceci?

MONSIEUR BLOUAN.

Non, non, ce plomb argentifère
Est du même filon ; mais ce n'est pas celui
Que je voulais soumettre à l'Anglais aujourd'hui.

MARGA, un morceau de minerai entre les doigts.

Je ne connaissais pas cette brillante pierre.

MONSIEUR BLOUAN.

C'est du quartz provenant de ma grande carrière.
Mais l'autre ? où donc est-il ? et qui donc tous les soirs
Prend mes échantillons au fond de mes tiroirs?
Marga, cherchons encore, il faut que je les trouve,
Je les mettrai sous clef.

MARGA.

Sous clef, je vous approuve.
Ceci bien entendu, père, souriez-moi,
Vous êtes tout pâli !

MONSIEUR BLOUAN.

Marga, je pense à toi,
Mon rêve dédaigné renferme ta fortune.

MARGA.

Oubliez, s'il vous plaît, cette phrase importune

Je déteste la mine et son futur trésor,
Quand je vois bon papa, dans ses beaux rêves d'or,
User sa chère vie.

MONSIEUR BLOUAN.

A quoi servirait-elle?
Ce n'est plus qu'un reflet, une pâle étincelle.

MARGA.

Ce reflet-là, bon père, est encore un foyer.

MONSIEUR BLOUAN.

Un foyer qui s'éteint !

MARGA.

Pourquoi tant travailler !

MONSIEUR BLOUAN.

Ma fille, mon idée est un marteau qui frappe,
Il frappe nuit et jour, c'est en vain que j'échappe.

Il touche son front.

L'idée est là, ma fille, elle revient toujours.
C'est un ruisseau dont rien ne peut barrer le cours ;
Il entraîne bien loin tous les discours frivoles,
Mon oreille se ferme au vain bruit des paroles.
Je guide au fond des puits mes ouvriers mineurs.

MARGA.

Bon papa, vous avez de singuliers bonheurs.

MONSIEUR BLOUAN.

Que veux-tu? je dois vivre au moins par l'espérance,
Et du succès final, je jouis à l'avance.
Tout est clair à mes yeux, et je m'en vais songeant

Que j'ai mon minerai tout pailleté d'argent,
Je le palpe, il est là ; j'en vois la mine pleine.
Tu souris, mon enfant, j'ai la tête fort saine.

MARGA.

Est-ce à moi d'en douter ?

MONSIEUR BLOUAN.

Oui, j'ai bien ma raison.
Que ne puis-je tirer mon plan de sa prison !
Que ne puis-je creuser ce sol plein de richesses !
Marga, me comprends-tu ? comprends-tu mes faiblesses ?

MARGA.

Oh ! oui, mon père, oh ! oui.

MONSIEUR BLOUAN.

Mais tu n'as pas la foi ?

MARGA.

J'ai la foi, j'ai l'espoir.

MONSIEUR BLOUAN.

Ma fille, je te croi.
Ah ! si je rencontrais la preuve incontestable
Des travaux d'autrefois ; jouant carte sur table
Je traiterais... mais non et de tous mes discours
On rit.

MARGA.

Ce jeune Anglais qui vous vient tous les jours
Fait, je crois, à vos plans un accueil favorable.

MONSIEUR BLOUAN.

Oui, cet industriel est chercheur et capable ;

De près en ce moment, Marga, je le poursuis,
Mais pour conclure il veut retrouver l'ancien puits.
    MARGA.
Le puits que vous cherchez avec tant de fatigue !
   MONSIEUR BLOUAN, sans l'écouter.
Sa trace a disparu.
    MARGA.
  Comment ?
   MONSIEUR BLOUAN.
       Les soldats de la ligue
Un jour dans ce pays vinrent tout ravager,
On résistait en vain. Eux, pour mieux se venger
Mirent le feu partout. La naissante industrie
Mourut avec son maître, et d'herbe rabougrie
La lande se couvrit, comme d'un vert linceul
Que nul ne soulevait.
    MARGA.
  Excepté vous.
   MONSIEUR BLOUAN.
        Moi, seul,
Ai fouillé le passé ! J'ai fait jeter la sonde,
J'ai prouvé que la mine autrefois fut féconde,
Mais je vieillis, hélas ! Quel serait mon regret,
Ma fille, si la tombe emportait mon secret !

SCÈNE II

LES MÊMES, ROSE.

Monsieur, le jeune Anglais fait comme un échalas
Qui s'en va d'une pièce en se collant les bras,
Vient de me réciter un chapelet d'excuses,
Parce qu'il est matin. En voilà-t-il des ruses !
Faut-il le recevoir ? Peut-il entrer ici ?

Se détournant.

Il vient l'original, ma fine, le voici.

Elle sor.

SCÈNE III

LES MÊMES, MONSIEUR PATERSON.

MONSIEUR PATERSON.

Monsieur Blouan, je viens chercher votre réponse,
Et cet échantillon que le billet m'annonce.

MONSIEUR BLOUAN.

Je voulais, ce matin, Monsieur, vous l'envoyer.

MARGA, avançant un siège.

Mais dans nos minéraux il a dû se noyer.

MONSIEUR PATERSON.

Enfin la question reste la même en somme,
Elle n'avance point et mon oncle me somme

D'embarquer sans retard tout notre matériel ;
Si la preuve aujourd'hui ne vous tombe du ciel,
C'est en fait, nul argent ne sortira des Landes.

MONSIEUR BLOUAN.

Que répond Paterson aux dernières demandes ?

MONSIEUR PATERSON.

Il veut la certitude et la preuve à l'appui,
D'autres échantillons et surtout l'ancien puits.

MONSIEUR BLOUAN se lève.

On l'a creusé, Monsieur, de sa circonférence
Voulez-vous la mesure ?

MONSIEUR PATERSON, se levant.

    Eh ! non, c'est l'évidence
Que nous cherchons, Monsieur. Vous savez qu'aujourd'hui,
Je mène à Rosenclan un géologue ami ;
De son coup d'œil profond, juste et mathématique
Je vous ferai savoir le résultat pratique,
Je pars sans plus tarder, et je dois en finir.

MONSIEUR BLOUAN.

Mais votre oncle, Monsieur ?

MONSIEUR PATERSON.

    Je le fais avertir.
Le télégramme ira le trouver sur sa plage
Et sa décision fixera mon voyage.
Sans prudence, jamais on ne put s'enrichir,
Il nous faut l'ancien puits, veuillez y réfléchir.

Il salue et sort.

SCÈNE IV

LES MÊMES, moins MONSIEUR PATERSON.

MONSIEUR BLOUAN, avec animation.

Réfléchir! il est là, j'en ai la certitude.
Pour trouver ce filon, j'ai fait dix ans d'étude ;
Jusqu'à mon dernier jour, Marga, je chercherai,
Que n'ai-je pu montrer mon nouveau minerai,
Il provenait du champ qu'aujourd'hui l'on défriche,
Et d'argent et de plomb, Marga, qu'il était riche !
Paterson eût jugé sur cet échantillon
Que j'ai saisi moi-même au fond de mon sillon.
Qui l'a pris ?

MARGA.

Calmez-vous.

MONSIEUR BLOUAN.

Malgré moi je me trouble.
De surveillance, en vain, ma fille, je redouble.
Se moquer d'un vieillard : c'est une cruauté !
Mon rêve est innocent dans sa stupidité.

MARGA.

Bon père, calmez-vous ; voyez, votre main tremble.
Travaillons, dans ce sac remettons tout ensemble ;

SCÈNE V

LES MÊMES, ROSE, un balai à la main.

MONSIEUR BLOUAN.

Rose, n'as-tu pas vu, par hasard, en rangeant,
Un bloc de minerai tout pailleté d'argent?

ROSE.

Un bloc? C'est-y ben gros?

MONSIEUR BLOUAN, à Marga.

Montre ton poing, ma fille.

ROSE.

Je chercherai, Monsieur, ma cuisine en fourmille.

A Marga, qu'elle attire sur le devant de la scène.

Mamzelle, un petit mot, son plus beau minerai
Se donne en mistanpon à Monsieur Saint-Peray,
Le bloc que vous cherchez est, ben sûr, dans sa poche,
Ils le font tout exprès, je le dis sans reproche,
Mamzelle Polixène aime à faire bisquer,
Et de son cher cousin rien ne peut l'offusquer.
Vous savez le motif?

MARGA.

Non.

ROSE.

Monsieur la plaisante,
Lui fait un brin la cour et la rend complaisante

Elle est douce pour lui; mais fait de méchants tours
Au pauvre vieux savant.
MARGA.
Il se plaint tous les jours,
On déroberait donc...
ROSE.
Sans doute, et ça l'agace
De ne jamais trouver ses cailloux à leur place.

SCÈNE VI

Les Mêmes, POLIXÈNE.

POLIXÈNE.
Du corridor, j'entends le bruit de ces cailloux;
A quel jeu ridicule, ici, vous livrez-vous?
MARGA.
Bon papa cherche en vain sa précieuse pierre.
POLIXÈNE.
Qu'il cherche en son cerveau, c'est là qu'est la carrière.
MONSIEUR BLOUAN.
Polixène, avez-vous trouvé mon minerai?
POLIXÈNE.
Vous radotez, je crois, puis-je prendre intérêt
A manier, Monsieur, des cailloux imbéciles?
MONSIEUR BLOUAN.
J'en ai perdu beaucoup.

POLIXÈNE.

                Dans vos landes stériles
Vous en retrouverez, c'est là votre moisson.

MONSIEUR BLOUAN.

Dans ce monde chacun moissonne à sa façon.

POLIXÈNE.

Votre façon à vous est fort originale,
Mais cet appartement n'est point la succursale
De la mine creusée au fond de votre esprit.

MONSIEUR BLOUAN.

Vous la verrez creuser ailleurs, je l'ai prédit.

POLIXÈNE, ricanant.

Sous ce parquet peut-être?

MONSIEUR BLOUAN.

                  Allons donc, Polixène,
Je m'en vais, car je vois qu'aujourd'hui je vous gêne.

POLIXÈNE.

Vous gênez Rose au moins.

MONSIEUR BLOUAN.

                Et je vous gêne aussi;
J'espérais retrouver ma pierre par ici!

POLIXÈNE.

De chercher vos cailloux vous prenez la manie.

MARGA.

Assez, ma sœur, assez; c'est trop d'acrimonie,
Bon papa peut parler.

POLIXÈNE.

Et radoter aussi.

MARGA.

Il ne radote point, je vois le déficit
Que sa collection subit, et ma surprise
Fait place à des soupçons...

POLIXÈNE.

Bon, je le dévalise.

MARGA.

Qui le fait?

POLIXÈNE, violemment.

Je ne sais; mais de tous ces cailloux
Je ne donnerais pas deux pièces de cent sous.
Tout mon souci serait de les voir disparaître;
Un beau jour, je les fais jeter par la fenêtre.

Elle sort.

SCÈNE VII

LES MÊMES, moins POLIXÈNE.

MONSIEUR BLOUAN, avec agitation.

Ma fille, allons cacher ce que nous tenons là.
Qu'est devenu le quartz?

MARGA.

Bon père, le voilà.

MONSIEUR BLOUAN.

Mets-le dans le coffret et sauvons-nous bien vite,
Mes beaux échantillons! Oh! viens donc, Marguerite.

SCÈNE VIII

ROSE seule.

ROSE, croisant les mains sur son balai.

Oui, je vis de colère ici, soir et matin,
Un archange lui-même y perdrait son latin.
Je ne puis m'expliquer le gâchis où nous sommes,
Car enfin, mon vieux maître est le plus doux des hommes.
Marga, comme une sainte à ses côtés se tient,
Dans son propre logis ne se mêle de rien,
Et tout tombe sur eux, sur tout on les agace.
Monsieur grogne, se plaint et Mamzelle grimace,
Et sa langue, une aiguille à la pointe d'acier,
Pique, pique toujours du fond de son gosier.
Ma fine, en l'entendant, je pense à la vipère,
Qui, chez nous, s'entortille autour de la fougère,
Pour lancer son venin aux jambes des passants.
Mais pourquoi m'agiter, sortir de mon bon sens
Et jeter les hauts cris. En nul lieu, j'imagine,
On n'a cueilli des fleurs en un buisson d'épine,
Ni trouvé du raisin aux branches des chardons;
Il ne faut point chercher de l'esprit aux dindons,
Ni vouloir qu'un corbeau nous charme les oreilles;
On les voit enrager au nom seul des merveilles
Que renferme la lande où les Korigans noirs
Font, dit-on, leur sabbat. Mon maître tous les soirs
Parle d'argent, de plomb, étale sa richesse,

Je lui fais les gros yeux, je tâche, avec adresse,
De placer un barrage à tous ses beaux discours :
Autant vaudrait rêver d'arrêter dans son cours
Le ruisseau qui s'échappe aux jours de grand orage
De l'écluse placée au seuil de mon village.
Le bon vieux va jasant, ne prenant garde à rien,
Comme un savant qu'il est ; on l'écoute trop bien,
Et dam ! le lendemain Polixène et son père
Redoublent de malice et nous avons la guerre
Pour le punir d'avoir conservé le terrain
Qu'ils voudraient dévorer ; pour moi, dans ce pétrin,
J'étouffe, je le crois, chaque jour davantage.
Mais où trouver, Seigneur, le terrible courage
De quitter mon vieux maître et ma chère Marga ?
Restons, on lui boirait son vin de Malaga,
Et je pourrai peut-être, en mesurant les gouttes,
Refaire son vieux sang ; puis, une fois pour toutes,
Je dirai que je pars si je l'entends gronder.
Mamzelle sait qu'on vient souvent me demander,
Et que, chez le préfet, j'aurais de très beaux gages.
Mais fi des maîtres neufs et des nouveaux visages.
Ici, j'ai vingt écus, deux paires de sabots,
Mes six aunes de toile et deux jolis capots
Que Marga, de ses doigts si fins de demoiselle,
Me brode sur linon et garnit de dentelle,
C'est assez et je suis contente de mon sort,
Entre nous, c'est vraiment, à la vie, à la mort.
Pourtant je n'aime pas Mamzelle Polixène !
Bah ! je puis pour les bons porter un bout de chaîne

En marronnant de voir traiter comme un vieux chien
Mon maître bien-aimé... mais ne disons plus rien,
Voici Monsieur. Je vas lui chanter ma harangue,
Marga n'étant point là pour me brider la langue.

SCÈNE IX

LA MÊME, PRÉVANEAU.

PRÉVANEAU, ouvrant la porte.
Rose, que fais-tu là ?

ROSE.
Je travaille vraiment,
Ne faut-il point ranger dans votre appartement ?

PRÉVANEAU.
Il le faut, range donc.

ROSE.
Mais si quelqu'un m'appelle ?

PRÉVANEAU.
Il attendra parbleu !

ROSE.
Ce n'est donc pas Mamzelle
Qui demande après moi ?

PRÉVANEAU.
Si ; mais tu peux finir,
Pour moi l'on presse tout.

ROSE, ironiquement.

Vrai! l'on vous fait pâtir?

PRÉVANEAU.

Oui; mais, un jour ou l'autre, il faudra bien, ma chère,
Que je vous mette au pas.

ROSE.

C'est ça, la chambrière
Sera toute à Monsieur et point à la maison.

PRÉVANEAU.

Les deux iront ensemble, ainsi j'aurai raison
De tous les embarras qu'ici l'on me suscite.
On sert Monsieur Blouan et l'on sert Marguerite
Moi, je ne compte plus.

ROSE.

Oui-dà, le croyez-vous?

PRÉVANEAU, avec emportement.

Comment, si je le crois!

ROSE.

Tout doux, Monsieur, tout doux.
Ne comptez-vous donc plus pour votre grande fille,
Si dure pour les vieux et pour vous si gentille.

PRÉVANEAU.

Gentille! pas toujours.

ROSE.

Non, mais entre vous deux
Glisser un de ses doigts serait malencontreux.
Quand l'un fait les cent coups, l'autre aussitôt tempête,

Et vous vous entendez pour nous casser la tête.

PRÉVANEAU.

Vous regimbez toujours sous mon autorité,
Vous vous plaignez toujours.

ROSE.

Monsieur, la vérité
C'est que tout ici marche au gré de vos caprices.

PRÉVANEAU.

Vous avez les vertus et nous avons les vices.

ROSE, naïvement

Je n'osais pas le dire et pourtant j'y songeais.

PRÉVANEAU, avec colère.

De mon appartement si tu déménageais.

ROSE.

Volontiers, mais je veux achever mon antienne,
Et vous tout dire enfin pour qu'il vous en souvienne.

PRÉVANEAU, criant.

Tais-toi. Je suis le maître et le serai toujours,
Toujours, entends-tu bien.

ROSE.

Parlez-vous à des sourds
Vous faites tous les jours que le bon Dieu nous donne
Vos quatre volontés, et de votre personne
Vous nous occupez tous.

PRÉVANEAU, majestueusement.

Je voudrais bien savoir,
Rose, si ce n'est pas à tous votre devoir,

ROSE.

Mais le vôtre, Monsieur, quel est-il, je vous prie ?

PRÉVANEAU.

Le mien c'est de... c'est de...

ROSE.

Ma fine, je parie
Que c'est de bousculer les faibles et les vieux.
Eh bien, vous ne pouvez, Monsieur, le remplir mieux.

PRÉVANEAU.

Qui te met ce matin en veine d'insolence ?

ROSE.

C'est de voir mon vieux maître accablé de souffrance,
Moqué, trahi ni plus ni moins que le bon Dieu
Pendant sa passion.

PRÉVANEAU.

Je te demande un peu
Ce que tu chantes là !

ROSE.

Je chante mon cantique.
Est-ce ma faute à moi s'il est mélancolique ?
Mon vieux maître se meurt, et je ne verrais pas
Qu'il faut en accuser et Pilate et Judas.

PRÉVANEAU, ironiquement.

Où sont ces deux bourreaux ?

ROSE.

Ils sont ici tout proche.

PRÉVANEAU.

Pilate?

ROSE.

Est devant moi.

PRÉVANEAU.

Judas?

ROSE.

D'un vide-poche
Recoud en ce moment le galon déchiré.

PRÉVANEAU.

C'est clair, mais à mon tour je me révolterai.
Pour ce vieux je ne puis laisser vider ma cave
Et je ne deviendrai jamais son humble esclave.

ROSE.

L'esclave! ah! c'est bien lui.

PRÉVANEAU.

Lui!

ROSE, avec énergie.

Lui! Monsieur, c'est lui.
Oui, oui, regardez-moi, la colère reluit
Dans vos yeux, mais sans peur j'oserai vous redire
Que sa vie avec vous n'est plus qu'un long martyre.
S'il dit blanc, l'on dit noir, s'il parle du trésor
Qu'il rêve de trouver, on le chicane encor.
Sur tout, à tout propos, on le gronde, on l'irrite
Et s'il n'avait ici sa fille Marguerite,
Son cœur ou son cerveau se briserait, c'est sûr.

Ce que je vous dis là, Monsieur, vous paraît dur ;
Mais ce matin tous deux, vous m'avez mis en rage.
Vous venez m'ennuyer, ma foi, je me soulage.

PRÉVANEAU.

Sans te gêner, parbleu !

ROSE.

Sans me gêner du tout :
Quand j'ai levé le pied, je marche jusqu'au bout.

PRÉVANEAU.

Tu ferais bien pourtant d'enrayer ta parole :
Un grison comme moi ne va plus à l'école.

ROSE, rêveusement.

Mon vieux maître aurait dû garder sa liberté.

PRÉVANEAU.

Il est libre et de plus follement entêté.

ROSE.

Entêté ! lui, Monsieur. Le ferez-vous accroire
A Rose, qui connaît tout au long son histoire,
Et qui l'a vu céder pouce à pouce ce bien
Dont, malheureusement, il ne lui reste rien.

PRÉVANEAU, avec colère.

Assez, j'entends sonner... oui ! l'on sonne à la porte,
Va donc ouvrir, va donc, et le diable t'emporte !

ROSE, un doigt sur ses lèvres.

Pas si haut, s'il vous plaît, s'il rôdait par ici !
Mamzelle et vous sentez bien souvent le roussi.

Elle sort.

SCÈNE X

PRÉVANEAU, SAINT-PÉRAY.

SAINT-PÉRAY.

Bonjour, cousin, bonjour. Boileau le satirique
Te dirait : « D'où vous vient cet air mélancolique ? »

PRÉVANEAU.

Il me vient des ennuis ; de tous les embarras
Que toujours la famille a jetés sur les bras,
J'en ai, ma foi, mon saoul.

SAINT-PÉRAY.

     De quoi ? De la famille ?

PRÉVANEAU.

Oui, chacun m'y combat ; ma servante, ma fille,
Jusqu'au vieux, retiré dans sa grotte aux cailloux,
Tous me font enrager, je leur en veux à tous.

SAINT-PÉRAY, rêveusement.

Même à cet ange blond appelé Marguerite ?

PRÉVANEAU.

Oui, car je suis à bout et vraiment je m'irrite
De la voir s'atteler à ce fauteuil pourri
Où son grand-père idiot rêve à son plan chéri,
Un plan qu'il a dressé dans sa faible cervelle.

SAINT-PÉRAY.

Et la mine d'argent.

PRÉVANEAU.

                Jamais une parcelle
Ne sortira du plomb caché dans son terrain
Le plomb n'existe pas, je n'en vois pas un grain.
Il est fou, je suis prêt à manger en salade
Tout son premier lingot.

SAINT-PÉRAY.

                    Je retiens la boutade.
Mais laissons tout cela, commençons à causer
De mon affaire à moi que je viens proposer.

PRÉVANEAU.

Avec de l'or au bout?

SAINT-PÉRAY.

                De l'or... en espérance.

PRÉVANEAU.

L'espoir! peuh! que c'est creux! Voyons ta confidence.

SAINT-PÉRAY.

Voici. Ce n'est qu'un plan, mais je le sais discret;
Tu comprendras qu'il faut agir dans le secret.

PRÉVANEAU.

Je ne suis pas bavard...

SAINT-PÉRAY.

              Tu connais le Mexique?

PRÉVANEAU.

Très bien!

SAINT-PÉRAY.

Comment, très bien?

PRÉVANEAU.

L'atlas géographique
Me l'a cent fois montré.

SAINT-PÉRAY.

Ah ! parfait, je comprends.
C'est donc dans ce pays qu'aujourd'hui j'entreprends
La spéculation sur une grande échelle ;
L'emprunt s'émet.

PRÉVANEAU.

L'emprunt !

SAINT-PÉRAY.

Oui, tu sais la nouvelle ?

PRÉVANEAU.

Je sais un peu de tout.

SAINT-PÉRAY, saluant.

C'est vrai. Donc, c'est admis,
Et j'en fais profiter mes parents, mes amis ;
Mais tu n'as pas souvent de l'or en abondance.

PRÉVANEAU.

Dis que ma bourse est vide, et que le diable y danse.

SAINT-PÉRAY.

Remplis-la.

PRÉVANEAU.

Saint-Péray, tu me fais du chagrin.
La remplir !

SAINT-PÉRAY.

Le savant peut vendre son terrain.

PRÉVANEAU.

Dix fois à ce sujet nous avons eu querelle,
Il m'a refusé net.

SAINT-PÉRAY.

L'occasion est belle.

PRÉVANEAU.

Superbe, mais enfin tu ne le connais pas,
Il est très entêté.

SAINT-PÉRAY.

Chut, chut, parle plus bas
Et prépare sous bois une nouvelle attaque

PRÉVANEAU.

Au fait j'en ai le droit, la lande et sa baraque
Ne lui rapportent rien, il est si généreux
Et si compatissant. Pas un seul de ces gueux
Ne lui paye un loyer, que six mois après terme;
Je lui conseille en vain de se montrer plus ferme.
Il faut le dire aussi, jamais un acheteur
Ne se rencontrerait, la terre est sans valeur.

SAINT-PÉRAY.

J'en ai trouvé pourtant une assez forte somme.

PRÉVANEAU.

Bah ! laquelle? Dis-moi, je puis près du bonhomme
Redoubler mes efforts.

SAINT-PÉRAY.

Vraiment, c'est un bon prix,
Je crois que comme moi tu vas être surpris.

Cent mille francs, mon cher.

PRÉVANEAU, joignant les mains.

Cela n'est pas possible!

SAINT-PÉRAY.

Cent mille francs en or et palpable et visible.
Cet argent dans tes mains quadruplera bientôt,
Si pour l'emprunt tu peux arriver assez tôt.
J'ai calculé qu'un jour les actions émises,
Sur le crédit français solidement assises,
Rendront quinze pour cent.

PRÉVANEAU.

Dieu! que c'est alléchant!
Je les veux, Saint-Péray. Pour les landes, le champ,
Ne pourrais-je entamer la vente, ici, sur l'heure?

SAINT-PÉRAY.

De quel droit vendrais-tu?

PRÉVANEAU.

Je le mets en demeure
De quitter ma maison ou de se résigner
A me laisser agir. Je le pourrais gagner
En menaçant aussi de forcer Marguerite
A vivre chez ma sœur.

SAINT-PÉRAY.

Un instant, je t'invite
A recourir encor à des moyens plus doux.

PRÉVANEAU.

Je dois être énergique et les employer tous.

Vingt pour cent!
SAINT-PÉRAY.
J'ai dit quinze.
PRÉVANEAU.
Ah! toujours cela monte,
Pour mon maigre budget c'est toute une refonte;
Ce Mexicain béni va me remettre à flot.
Sur mes derniers vaisseaux je jette le brûlot.
Pourquoi supporterai-je un sort insupportable?
Je mange du brouet, mon vin est détestable,
Quand je perds, par hasard, quelques écus au jeu,
Je suis tout inquiet. Je te demande un peu
Si, pour moi, vivre ainsi, cela s'appelle vivre.
SAINT-PÉRAY.
Des malaises d'argent heureux qui se délivre.
PRÉVANEAU.
Pour moi je n'en veux plus; non, je ne suis pas né
Pour manger des fayots et du ratatiné,
Pour porter dix hivers la même houppelande;
SAINT-PÉRAY.
Tu pourras en tailler en plein drap, dans la lande.
PRÉVANEAU.
Je n'y manquerai pas, je vais tout hasarder,
Tout mettre en jeu, tout dire et, pour le décider,
Crier comme un beau diable et, ma foi, s'il résiste,
Dans son entêtement si je vois qu'il persiste,
Je frappe de grands coups, je ne ménage rien,
A sa barbe vois-tu, je lui prendrai son bien.

SAINT-PÉRAY.

Tu n'es pas, il me semble, à ton premier fait d'armes.

PRÉVANEAU.

Non, malgré ses dépits, ses fureurs et ses larmes,
J'ai bien pu, dans le temps, monnayer ses maisons;
Mais le sort m'a trahi.

SAINT-PÉRAY.

Le sort a ses raisons.

PRÉVANEAU.

Il est bourru pour moi, mais je vois le Mexique
Réparant tous les torts faits au vieux famélique.

SAINT-PÉRAY.

Le ferais-tu jeûner?

PRÉVANEAU.

C'est du moins ce qu'on dit;
Mais enfin le plus clair c'est qu'il baisse d'esprit.
Je voudrais découvrir une marche savante
Qui, même malgré lui, le menât à la vente;
Cette affaire est superbe, il la comprendra peu
Et si ses intérêts n'étaient surtout en jeu...

SAINT-PÉRAY.

Ses intérêts, cousin?

PRÉVANEAU.

Oui, sa plainte importune
M'agace fort les nerfs, et doubler sa fortune
Me sourirait beaucoup. Tu verras, Saint-Péray,
Qu'en me lançant un peu je la lui doublerai.

Voici l'occasion pour en faire à ma tête,
Je suis né financier, spéculateur.

SAINT-PÉRAY, à part.

Et bête.

PRÉVANEAU, superbement.

On naît spéculateur.

SAINT-PÉRAY.

Comme on naît chicanier.

PRÉVANEAU.

Comme on naît écrivain, comme on naît cuisinier.

Se croisant les bras.

C'est vraiment étonnant comme on naît quelque chose

SAINT-PÉRAY.

Le baudet naît baudet et la rose naît rose.

PRÉVANEAU.

C'est vraiment étonnant !

SAINT-PÉRAY.

Eh bien, n'en parlons plus,
Car dans notre entretien ces mots sont superflus.
Prépare tes discours, pointe tes batteries,
Fais pleuvoir les raisons après les flatteries
C'est de l'argent comptant et pour tout arranger
Dis-lui que j'ai chez moi l'acheteur étranger.
Ne perdons pas de temps.

PRÉVANEAU, se tordant la moustache.

Il faut entrer en scène,
Mais le voici, je crois,

SAINT-PÉRAY.
Eh ! non, c'est Polixène.

SCÈNE XI

PRÉVANEAU, SAINT-PÉRAY, POLIXÈNE

SAINT-PÉRAY.
Arrivez donc, Polix, nous donner un conseil.
POLIXÈNE.
N'avez-vous point mon père, il n'a pas son pareil
Pour aider tout le monde à se tirer d'affaire.
PRÉVANEAU, avec suffisance.
Ma fille, tu dis vrai.
POLIXÈNE.
Pour moi, c'est le contraire;
Chacun fait à sa guise et ce m'est un ennui
De me mêler ainsi des affaires d'autrui.
Je préfère oublier tout ce qu'on me raconte,
Des avis les meilleurs on ne tient jamais compte;
Le donneur de conseils bien souvent ne reçoit
Qu'un bon coup de cravache, et cela se conçoit.
SAINT-PÉRAY.
Vous avez bien raison; mais si ce qui m'amène
Intéressait aussi quelque peu Polixène?
POLIXÈNE, vivement.
Ce serait différent, parlons-en, mon cousin,

SAINT-PÉRAY.

Il s'agirait d'un plan qu'un banquier mon voisin
M'a tantôt suggéré d'augmenter ma fortune.

PRÉVANEAU.

Et la nôtre.

POLIXÈNE.

Oh! la nôtre est toujours dans la lune,
Quand elle en descendra vous me la ferez voir.

PRÉVANEAU.

Elle en tombe aujourd'hui, je te le fais savoir.

POLIXÈNE.

Plaisantons-nous?

PRÉVANEAU.

Jamais. Connais-tu le Mexique?

POLIXÈNE.

Il m'est fort inconnu.

PRÉVANEAU.

L'atlas géographique
Te l'a cent fois montré.

POLIXÈNE.

S'il s'agit de l'atlas
Quel pays étranger ne connaîtrais-je pas!

PRÉVANEAU.

Enfin c'est au pays dans lequel l'or abonde,
Que s'ouvrent des trésors aux mains de tout le monde,
Un merveilleux emprunt vient de se décréter.

POLIXÈNE.

Le beau décret pour moi qui ne puis acheter.

PRÉVANEAU.

Attends, mais attends donc. Saint-Péray nous demande
De conseiller au vieux de monnoyer sa lande,
L'argent qu'il en aurait nous rendrait vingt pour cent ;
Nous sommes enrichis si le vieillard consent
A vendre son terrain. Nous cherchons la manière
D'entrer en pourparlers.

POLIXÈNE.

        De cette sapinière
On ne trouvera rien.

PRÉVANEAU.

        On a trouvé beaucoup.

POLIXÈNE.

Combien ?

PRÉVANEAU.

    Cent mille francs.

POLIXÈNE.

           Ce serait un bon coup.

PRÉVANEAU.

Il nous faut le tenter.

POLIXÈNE.

        Nous aurons l'avanie
D'un refus, c'est certain, car toujours sa manie
Sera de conserver ce terrain sans rapport,
Dont son cerveau malade a fait un coffre-fort.

SAINT-PÉRAY.

Aidez-nous, Polixène, ouvrez-vous une brèche.

POLIXÈNE.

Comment? Que pourra faire une fille revêche
Qui rend si malheureux ces deux êtres touchants,
Qu'on voit vivre à l'écart en haine des méchants?

PRÉVANEAU, confidemment.

Ma fille, grâce à toi, leur vie est assez dure.

POLIXÈNE.

Mon père, grâce à vous!

PRÉVANEAU.

                Saint-Péray, je te jure
Que je laisse le vieux jouer dans ses cailloux.

POLIXÈNE.

Oui, mais vous murmurez quand ma sœur, à genoux,
Lui dit : Cher bon papa, faisons notre prière.

PRÉVANEAU.

C'est par trop enfantin. Marguerite est très fière,
Et je la vois pour lui manquer à tout moment
De mesure et de tact.

SAINT-PÉRAY, à part.

                Mot profond et charmant.

PRÉVANEAU.

Comprends-tu, Polixène, et ton esprit fertile
Saisit-il le moyen de devenir utile?

POLIXÈNE.

Ce que je dis près d'eux n'a pas le moindre poids,

Mais ils savent qu'ici nous sommes aux abois.
PRÉVANEAU.
Bien, ne prolongeons pas un entretien frivole;
Je prendrai, s'il le faut, je prendrai la parole,
Et seul j'expliquerai cette combinaison,
Qu'approuvent à la fois le cœur et la raison.
POLIXÈNE.
Que fait ici le cœur?
PRÉVANEAU.
Il fait tout.
POLIXÈNE.
Mais encore!
PRÉVANEAU.
Pouvons-nous supposer que le savant ignore
Qu'il me rendrait heureux si, par ce beau projet,
Il grossissait enfin notre maigre budget?
POLIXÈNE.
D'abord votre bonheur n'entre pas, je le gage,
Dans ses plans personnels, et puis dans un nuage
Vous savez bien qu'il vit d'accord avec ma sœur.
La misère a pour eux une étrange douceur,
Nos cris de révoltés les font toujours sourire.
Mais j'entends le vieillard, vous allez pouvoir dire
Tous vos rêves dorés. Vous partez, mon cousin?
SAINT-PÉRAY.
Oui, je suis attendu tantôt chez un voisin,
Et ma présence ici me paraît inutile.

A Prévaneau.

Mon cher, sois éloquent ; ta parole facile
N'eut jamais plus beau jeu.

PRÉVANEAU, avec un geste triomphant.

Je te promets ce soir
Un bon consentement.

SAINT-PÉRAY.

Bon ! j'y compte. Au revoir.

SCÈNE XII
PRÉVANEAU, POLIXÈNE.

POLIXÈNE.

Sa fuite en ce moment me paraît assez louche,
Monsieur Blouan pouvait entendre de sa bouche
Ces détails enivrants.

PRÉVANEAU.

J'approuve son départ,
Le vieillard l'aime peu.

POLIXÈNE.

Cet emprunt reste à part
De toute sympathie.

PRÉVANEAU.

Eh non ! puisqu'au bonhomme
Il s'agit d'arracher son terrain.

POLIXÈNE.

Mais en somme

Que nous reviendra-t-il de ces nouveaux tracas?
PRÉVANEAU.
Ta perspicacité ne le devine pas?...
POLIXÈNE.
Non. Dans le beau projet que mon cousin suscite,
Je vois qu'on enrichit l'époux de Marguerite.
PRÉVANEAU.
Un instant! De l'argent je garde la moitié,
On ne me tondra pas cette herbe sous le pied.
POLIXÈNE, pensive.
Ceci donne à l'affaire une aimable tournure;
Parlez-en sur-le-champ avec calme et mesure.
Pas de phrases en l'air, la phrase embrouille tout :
Il s'agit de se faire écouter jusqu'au bout,
Et d'enlever l'argent... aux rêveurs inutile.
Les voici... Puissiez-vous être une fois habile,
Et surtout n'allez pas, par des emportements,
Gâter de nos desseins les beaux commencements.

SCÈNE XIII

Les Mêmes, MONSIEUR BLOUAN, MARGA

MARGA.
Mon père, bon papa vient vous faire visite.
PRÉVANEAU.
Qu'il soit le bienvenu. Conduis-le, Marguerite,

A mon lit-canapé qui n'est pas aussi dur
Que ce fauteuil antique, ici contre le mur.
Dans mon appartement notre brouillon de Rose
Tous les jours, tu le sais, dérange quelque chose.
Eh bien! père Blouan, comment va la santé?

MONSIEUR BLOUAN.

Je suis moins faible, Charle, un peu moins agité.

PRÉVANEAU.

Pour prendre le dessus, mon vénéré beau-père,
Il faudrait, entre nous, faire moins maigre chère,
Boire à tout petits traits de ces vins généreux
Qui vous fouettent le sang et vous rendent heureux.
Le bon vin n'est-il pas le lait de la vieillesse?
A tout âge il convient pour chasser la tristesse.

POLIXÈNE, avec une impatience déguisée.

Mon père, vos discours sont au moins superflus,
C'est parler mouvement devant des gens perclus,
Notre cave aujourd'hui n'est riche qu'en piquette.

PRÉVANEAU.

Et pour monsieur Blouan surtout je le regrette.

MONSIEUR BLOUAN.

Charles, mon bon ami, ne regrettez donc rien.

MARGA, en souriant.

Bon papa fut toujours un pauvre épicurien.

PRÉVANEAU.

Je le sais, je le sais; mais il faut, à son âge,
Des soins particuliers.....

POLIXÈNE, à part.
Le sentiment fait rage.
PRÉVANEAU.
Il faut quelques douceurs et des distractions.
MARGA.
Nous en prenons, mon père, et tantôt nous disions
Que l'on vit de bien peu, qu'il est fort inutile
De s'essouffler en vain ; le bonheur est facile.
POLIXÈNE.
Le bonheur dans la gêne est un bonheur douteux ;
On ne rit pas souvent chez les nécessiteux.
PRÉVANEAU.
Là ! nos divisions, dites, d'où viennent-elles ?
Quel est l'antre d'où sort l'orage des querelles ?
POLIXÈNE, à part.
Quel pathos agaçant !
PRÉVANEAU, avec emphase.
D'où sort-il, d'où sort-il ?
POLIXÈNE, avec impatience.
Quittez ce labyrinthe, ou donnez-nous le fil.
PRÉVANEAU, avec grandeur.
Il sort de ce malaise où nous vivons, beau-père.
MONSIEUR BLOUAN, secouant la tête.
Autrefois, cependant...
PRÉVANEAU, l'interrompant.
Aussi j'ai d'une affaire
Pris tantôt connaissance, et je dois vous parler

Sur ce grave sujet sans rien dissimuler.
J'en suis encor troublé... Vous savez le Mexique.

MONSIEUR BLOUAN.

Le Mexique ?

PRÉVANEAU.

    Eh bien! oui, l'Atlas géographique
Vous l'a cent fois montré.

MONSIEUR BLOUAN.

      Dans ses alluvions
J'ai fait, livres en main, bien des excursions.

MARGA.

Bon papa court ainsi le monde en géologue.

PRÉVANEAU, avec suffisance.

Il flâne, comme moi, par les pays en vogue.
La vogue est au Mexique, un pays merveilleux
Dont le superbe emprunt jette de l'or aux yeux.
Vous savez que l'on vient d'y fonder un empire.

MONSIEUR BLOUAN.

Hélas! oui.

PRÉVANEAU.

  Quel accent!

MONSIEUR BLOUAN.

      Ce royaume m'inspire
Très peu de confiance.

PRÉVANEAU.

     Allons donc! c'est bâti
A sable, à chaux, beau-père, on vous le garantit.
Nos grands hommes d'État ont fait une merveille

Qui dans ce siècle-ci n'aura pas sa pareille,
Ainsi que le disait mon journal ce matin.
Créer ainsi, d'un mot, un empire lointain,
Ouvrir aux emprunteurs les mines de Golconde
Est d'une politique admirable et féconde.

MONSIEUR BLOUAN.

Tout homme en ce bas monde est sujet à l'erreur.

PRÉVANEAU.

Tout homme ! c'est selon, mais non pas l'empereur.

POLIXÈNE.

De l'empereur pourquoi tant exalter la gloire ?

MONSIEUR BLOUAN, gravement.

Cette tâche sera la tâche de l'histoire
Qui ne l'écrira pas sur de faux documents.
Le vrai cherche des faits et non des arguments.

PRÉVANEAU.

Cependant...

MONSIEUR BLOUAN.

C'est assez. Vous savez bien, mon gendre,
Que nous ne pouvons pas là-dessus nous entendre

POLIXÈNE.

Et que fait tout cela, mon père, en vos discours ?

PRÉVANEAU, finement.

Rien, mais lorsque l'on flâne on fait de longs détours ;
Reprenons le sujet sous un aspect pratique,
Et sans nous fatiguer revenons au Mexique.
En somme cet emprunt doit rendre vingt pour cent.

C'est superbe et j'ai dit : Si mon père y consent,
Nous voilà délivrés de la gêne où nous sommes.

MONSIEUR BLOUAN.

Mais je suis, comme vous, le plus pauvre des hommes.

PRÉVANEAU.

Un instant, vous pouvez vendre votre terrain.

MONSIEUR BLOUAN.

Mon cher, vous devriez m'épargner le chagrin
De vous donner sans cesse un refus qui me coûte.
Jamais je ne vendrai.

PRÉVANEAU.

    Mon beau-père, je doute
Que vous puissiez laisser passer l'occasion
De vendre à si haut prix.

MONSIEUR BLOUAN.

    Ma résolution
Ne peut être ébranlée.

PRÉVANEAU, écarquillant les yeux.

    Et si l'on vous propose
Cinquante mille francs ?

MONSIEUR BLOUAN, avec énergie.

    Non. Parlons d'autre chose.

PRÉVANEAU, vivement.

Mais cette chose est grave, il s'agit d'en finir ;
Vos rêves n'ont jamais pu longtemps vous nourrir.

MONSIEUR BLOUAN.

Empire, placement sont un rêve plus vague.

PRÉVANEAU, à Marga.

Marguerite, entends-tu? ton grand-père divague.
Mais explique-lui donc qu'il peut nous enrichir,
Et qu'il devrait au moins deux fois y réfléchir.

MARGA.

Vous entendez, bon père, et dans votre tendresse
Ne laisserez-vous pas dormir votre sagesse?

MONSIEUR BLOUAN.

Jamais. De ton bonheur ma fermeté répond.

PRÉVANEAU.

Son bonheur! Ah! ceci, par exemple, confond.

POLIXÈNE.

De vous tant emporter est-il donc nécessaire?
Expliquez-vous, parlez d'une façon plus claire.
Il est un sûr moyen de le persuader,
C'est le prix! Qui jamais l'eût osé demander?

MONSIEUR BLOUAN.

Ce prix pour moi n'est rien, ma chère Polixène.

PRÉVANEAU, à Polixène.

A tontour.

POLIXÈNE.

  Je vois bien où l'utopie entraîne;
Mais si sur cette somme on ajoutait encor?

MONSIEUR BLOUAN.

Rien ne peut me tenter, ni valoir le trésor
Que cette lande aride enferme en ses entrailles.

PRÉVANEAU, levant les mains au ciel.
Pour moi, de son bon sens je fais les funérailles.
MONSIEUR BLOUAN.
Avant qu'il ne soit mort.
PRÉVANEAU.
Il est mort, archimort,
Si vous ne cédez pas...
MONSIEUR BLOUAN.
A la loi du plus fort?
POLIXÈNE, durement.
A la loi du besoin, de toutes lois la pire !
PRÉVANEAU, avec colère.
A quoi bon discuter, Monsieur? je dois vous dire
Que si vous refusez ce sage arrangement,
Nous nous séparerons (regardant Marga), et vous savez com
MARGA, enlaçant le vieillard.
Mon père !
PRÉVANEAU.
Ah ! laisse-moi, devant cet égoïsme
Je reprends tous mes droits.
POLIXÈNE, méchamment.
Même le droit de schisme ?
PRÉVANEAU.
Tous. Je vous le demande une dernière fois :
Vendrez-vous ?
MONSIEUR BLOUAN.
Non !

PRÉVANEAU, avec fureur.

C'est bien. Je trouverai des lois
Qui vous y forceront; il est toujours facile
D'empêcher les écarts d'un vieillard imbécile.

MONSIEUR BLOUAN, se lève.

Avec majesté.

Imbécile! Il le fut le jour où, sans raison,
Il vous ouvrit, Monsieur, son cœur et sa maison.
Le jour où, vous livrant sa fille et sa fortune,
Il sacrifia tout. Ma mémoire importune
Pourrait, croyez-le bien, rappeler sans effort
Ce que vous avez fait de mon double trésor;
Mais de récriminer je n'ai point l'habitude.
Je vous laisse arguer de ma décrépitude,
Apprendre à tout venant mon imbécillité.
Mais sachez que le jour où de ma liberté
Votre intérêt voudra me limiter l'usage,
Je défends tous mes droits : le passé me rend sage.

Il sort avec Marguerite.

SCÈNE XIV

PRÉVANEAU, POLIXÈNE

PRÉVANEAU, tourné vers la porte.

Vieux toqué! vieil idiot!

POLIXÈNE.

Eh! puisqu'il est sorti,

Pourquoi ces cris de paon?
PRÉVANEAU.
Prendrais-tu son parti?
POLIXÈNE.
Vous plaisantez, je crois; mais vos fureurs, mon père,
Sont-elles un calmant?
PRÉVANEAU.
Oui, car si ma colère
Ne se faisait pas jour, je pourrais me porter
A d'éclatants excès.....
POLIXÈNE.
Qu'il faudrait regretter.
PRÉVANEAU.
Ce qu'on doit regretter, c'est ma sotte faiblesse.
Il faut devant ces vieux agir avec rudesse,
Leur montrer les deux poings.....
POLIXÈNE.
Allons, vous l'avez fait,
Et je ne reviens pas de votre air stupéfait...
PRÉVANEAU.
J'enrage, entends-tu bien! n'est-ce pas un martyre?
Vingt pour cent! Si je puis, je le fais interdire,
Il est fou.
POLIXÈNE.
Pas si fou!
PRÉVANEAU.
Je le dis, archifou.

POLIXÈNE.

La preuve?

PRÉVANEAU.

Son refus d'échanger un gros sou
Contre une pièce d'or.

POLIXÈNE.

Il est très énergique.

PRÉVANEAU.

Il est... il est... il est... maniaque et despotique.

Il prend sur son lit son bonnet de coton et s'en coiffe.

POLIXÈNE.

Que faites-vous?

PRÉVANEAU.

Ma foi, je vais me reposer,
Me jeter sur mon lit, car je ne puis causer.
Je me sens agacé, fiévreux, mal à mon aise.
Songe donc! Vingt pour cent sur la Rente française!
C'était éblouissant!

POLIXÈNE.

Mais rien ne l'éblouit.

PRÉVANEAU.

Rien, il n'écoute rien, un vrai pauvre d'esprit
Qui veut tout diriger. Une si belle affaire,
Vingt pour cent! vingt pour cent.

A Rose qui entre.

Rose! que viens-tu faire?

SCÈNE XV

Les Mêmes, ROSE

ROSE, riant.

De ce bonnet, Monsieur, pourquoi vous coiffez-vous ?

PRÉVANEAU.

Je suis malade.

ROSE.

Ah! ben, cela vous rendra doux.

PRÉVANEAU.

Dans ce cas, la douceur naîtrait de la colère.
Ne ris pas, ton sourire, entends-tu, m'exaspère.

ROSE.

Mon rire... Ah! c'est trop fort! de quoi vous fâchez-vous?
Vous serez donc toujours comme du lait qui bout?
D'ordinaire on se calme en prenant un peu d'âge
Et l'humeur s'amollit...

PRÉVANEAU.

N'en dis pas davantage.
Trêve de tes sermons.

POLIXÈNE.

Elle prêche toujours.

ROSE.

Chacun ici, mamzelle, enfile ses discours
Et parle à sa façon.

POLIXÈNE, à son père.
　　　Il faut qu'elle harangue.
　　　　ROSE.
A défaut d'autre bien, ma fine, j'ai ma langue.
Ça vous prend sur les nerfs, c'est bon, je me tairai.
　　　A Prévaneau.
Voulez-vous recevoir monsieur de Saint-Péray?
Il se dit très pressé !
　　　　PRÉVANEAU.
　　　　　Pressé? qu'il aille au diable !
　　　　ROSE.
Pour un plaignant, Monsieur, vous êtes serviable.
　　　PRÉVANEAU, arpentant la chambre.
Je suis couché, je dors.
　　　　ROSE.
　　　　　Baissez un peu le ton...
　Montrant la porte.
Il est là. Je dirai qu'en bonnet de coton
Je vous ai vu, Monsieur.
　　　　PRÉVANEAU.
　　　　　Parle-lui, Polixène,
Tu sais tout, va !
　　　　POLIXÈNE.
　　　　　Pourquoi me donnez-vous la peine
De lui porter un nom tant de fois répété?
　　　　PRÉVANEAU.
Tu peux insinuer que rien n'est arrêté,

Qu'il nous a fait encor sa réponse évasive.
PO LIX ÈNE.
Vous ne la trouvez point tout à fait décisive?
PRÉVANEAU.
Si, mais nous verrons bien! vingt pour cent! vingt pour
Ce n'était pas heureux, c'était éblouissant.
Dis bien à Saint-Péray que la guerre commence.
Vingt pour cent! dis-le lui, je suis plein d'espérance.

ACTE II

UN SALON MEUBLÉ A L'ANTIQUE

SCÈNE PREMIÈRE

ROSE, MARGA

ROSE, ouvrant la porte.

Mamzelle, ils l'ont tout bu.

MARGA.

De quoi veux-tu parler?

ROSE.

Du vin de Malaga que j'avais pu céler,
J'en avais enfoncé trois litres sous le sable,
Monsieur qui fouille tout, les a mis sur la table.
De mon maître comment refaire le vieux sang?
Quand Pilate et Judas sont là manigançant,
Me trompant tous les jours.

MARGA, avec un geste découragé.

La lutte est impossible!

ROSE.

Je bataille quand même, et pourtant c'est terrible,
D'être toujours battu. Mardi je vais chercher
Un bon gigot saignant, j'enjôle le boucher;

Il ajoute au gigot deux grasses côtelettes,
Je découvre en passsant de belles andouillettes,
Et je reviens heureuse, en comptant sur mes doigts
Qu'il aura de la viande au moins pour quatre fois.
Et voilà que Pilate invite tout son monde,
Mamzelle invite aussi, le bon Dieu la confonde!
Vous les avez tous vus à ce fameux dîner,
Qui pendant deux grands jours m'a tant fait marronner.
Je les considérais du fond de ma cuisine,
Saint-Péray, le goulu, se léchait la babine.
Je les aurais battus de manger mon gigot.
Pourtant je n'avais point, mamzelle, à dire mot,
Et pour ce malaga, faudra que je me taise?
Le sang m'en fait un tour.

MARGA.

                Rose, je suis bien aise
Qu'aucune plainte encor n'ai pu mécontenter
Polixène ou mon père ; il les faut supporter.

ROSE.

Et supporter aussi qu'on fasse des misères
Au pauvre vieux Monsieur?

MARGA.

                   Les paroles amères
N'ont jamais adouci leurs mauvais traitements.

ROSE, les poings sur les hanches.

Mamzelle, essayons donc de leurs emportements!
Car, de vrai! mon vieux maître a la tête brisée.

MARGA, en soupirant.

Je le sais trop, sa vie est une trame usée
Et je ne puis pour lui que redoubler d'amour.

ROSE.

L'amour est bon, très bon; mais il faut chaque jour
Penser à ce qui bout au fond de la marmite,
Et ne point en gaver des gens que l'on invite,
Pour n'avoir plus un os à mettre sous la dent.

MARGA.

Polixène a la bourse et mesure l'argent,
Je proteste toujours.

ROSE.

   Mais vous traînez la chaîne.
Autant chanter Malbrough qu'attendrir Polixène.
La voici, je me sauve.

MARGA, avec fatigue.

   Ah! je m'en vais aussi!

SCÈNE II

POLIXÈNE

Eh bien! lorsque j'arrive on s'échappe d'ici!
Au fait, j'aime cela. Quand on ne peut s'entendre,
Chacun, sans se gêner, à sa guise peut prendre
Le chemin qui lui plaît; le mien est tout tracé,
C'est celui par lequel nul autre n'a passé.

Elle s'assied.

Ah! j'ai chaud. La nouvelle est vraiment foudroyante,

Mais je n'y croirai pas, mon cher cousin se vante.
Il aime à se poser comme le confident
De cet industriel. Je lui garde une dent
Pour l'ardeur qu'il affiche en cette sotte affaire,
Et de l'en avertir tous les jours je diffère ;
Dans notre pauvreté, ces rêves d'or font mal,
J'en ai pris mon parti, tout me devient égal,
Hors voir, devant mes yeux, s'enrichir Marguerite ;
Ces mines, ces Anglais, ce Blouan; tout m'irrite.
Je voudrais en finir avec ces songes creux.

On entend sonner.

Ce coup... C'est mon cousin. De discours filandreux
Il est pourvu sans doute et je les abomine.
Vient-il me reparler de la maudite mine?
Je pars... mais non... mais non... Il aime à tout savoir,
Il m'en voudrait peut-être, il faut le recevoir.

SCÈNE III

POLIXÈNE, SAINT-PÉRAY, une serviette sous le bras.

POLIXÈNE.

Vous, mon cousin !

SAINT-PÉRAY.

   Eh oui! moi qui me détermine
A revenir encor vous parler de la mine.

POLIXÈNE.

J'en ai pourtant assez.

SAINT-PÉRAY.

    Car vous ne savez pas
Ce que je porte ici.
    Il montre la serviette qu'il a sous le bras.

POLIXÈNE.

    Je vous vois sous le bras
Le vieux cuir raccorni d'où sortent tant de choses;
Mais, lettres d'avocat, sont pour moi lettres closes.

SAINT-PÉRAY.

Mon vieux cuir aujourd'hui renferme un vrai trésor.

POLIXÈNE.

Cher Raoul, vous avez la toquade de l'or.

SAINT-PÉRAY.

Un peu, dans tous les temps, le veau d'or nous entraîne
C'est au savant qu'il vient, ma chère Polixène,
Offrez-lui, s'il vous plaît, ce précieux papier.
    Il lui tend une enveloppe.

POLIXÈNE.

Avez-vous le dessein de le mystifier?

SAINT-PÉRAY.

Non, c'est réel. L'Anglais m'a dit de son air grave
Qui lui donne un faux air de farouche Burgrave :
« De l'envoi de ce pli, je veux être certain,
Pouvez-vous l'envoyer à Blouan ce matin?
En prenez-vous le soin? » J'ai fait le sacrifice
Du bock de l'étrier pour rendre ce service.

POLIXÈNE.

Que ne le rendez-vous tout à fait, mon cousin?

SAINT-PÉRAY.

Le savant est absent?

POLIXÈNE.
    Mais pas jusqu'à demain.

SAINT-PÉRAY.

La réponse est pressée et moi je pars sur l'heure.
Mon vieux docteur, hélas ! me remet en demeure
D'aller passer trois mois à Menton et j'y cours.

POLIXÈNE, amèrement.

Pour aller à la mort on fait de longs détours.

SAINT-PÉRAY, riant.

Pour cette station on ne prend le rapide
Qu'à défaut d'autres trains.

POLIXÈNE.
    D'une vie insipide
On aime à prolonger les ennuis écrasants.

SAINT-PÉRAY.

Quel froid dédain, cousine !

POLIXÈNE.
    Et quels discours pesants
Pour un homme léger qui de tout s'accommode !

SAINT-PÉRAY, prenant son chapeau.

Ouf ! l'humeur aujourd'hui, cousine, est peu commode !
Adieu. Vous le savez, ce papier important
Doit être lu ce jour. Mon Anglais en partant
Me l'a recommandé.

POLIXÈNE.
Raoul, soyez tranquille.
SAINT-PÉRAY.
Faites chercher Blouan.
POLIXÈNE.
Il vague par la ville
Et rentrera bientôt, si ce n'est déjà fait.
SAINT-PÉRAY.
C'est bon. Je pars, adieu.

SCÈNE IV

POLIXÈNE, seule.

POLIXÈNE.
Le voilà satisfait.
N'ayant pu pour son compte extorquer cette mine,
Il fait le généreux. (Elle regarde la lettre.) Dans ce pli, j'imagin[e]
Il n'est rien qui pourrait avancer leur projet
Et c'est troubler en vain un esprit dérangé.
Je ne sais si je dois risquer cette aventure.
Montrer à ce vieux fou ses mines en peinture
Serait déjà risquer de gâter sa raison,
Qui déménagera, je crois, cette saison.
       Elle regarde attentivement le billet.
Ce billet paraît lourd ! Singulière écriture !
Qu'écrit donc cet Anglais ? Je suis à la torture.
       Elle fait un mouvement brusque.

L'enveloppe a cédé, si je lisais ce mot,
Je saurais si je dois en parler au vieux sot.
    Elle lit.

« Monsieur,

« L'arbitre a visité le terrain, examiné vos échantillons et vos cartes et son jugement est des plus favorables. J'ai télégraphié sa réponse à mon oncle et je reçois un télégramme qui modifie nos premières propositions. Faites-moi l'honneur de vous rendre de trois à quatre heures dans le cabinet particulier de mon correspondant, si vous voulez continuer les négociations entamées. Elles ont toujours pour fondement principal l'achat du terrain. Mon oncle ne veut rien tenter sans cette condition, l'ancien puits ne se retrouvant pas. Si vous ne venez pas, je croirai que vous vous refusez toujours à vendre. D'après la dernière étude, vous devez désirer plus que personne que les expériences soient faites. Puisque les calculs de notre correspondant et les vôtres se rencontrent, il est probable que nous avons un trésor en perspective.

« Recevez, etc.
                           « Paterson. »

Un trésor ! c'est donc vrai, un trésor ! Marguerite !
J'ai mal lu, relisons. (Elle relit.) Cette phrase maudite
Est bien là, sous mes yeux, l'encre n'a pas séché,

On dirait ce trésor de mon cœur arraché.
Par quels dédains vont-ils venger leur esclavage ?
Un trésor ! j'en étouffe et j'en pleure de rage.
Faudra-t-il retomber en mes tourments passés ?
Qui m'aimait ? ah ! personne, et ce n'est pas assez.
Sa beauté, son esprit vont grandir sans mesure,
L'or est un magicien, il donne avec usure
Les charmes tout-puissants. C'est par trop de bonheur.
Un trésor ! un trésor ! Ce mot me fait horreur,
Il me brûle les yeux, le cœur et les entrailles.
Qu'il va leur être doux d'user de représailles !
On vient... je veux cacher cet importun secret.

Elle pose l'enveloppe sur la cheminée et place un livre dessus.

SCÈNE V

POLIXÈNE, PRÉVANEAU

PRÉVANEAU.

Ma fille, comprends-tu cet affreux Saint-Péray
Qui se met en voiture avant de crier gare ?

POLIXÈNE.

De cris comme d'argent mon cousin est avare.
Et pourquoi voulez-vous qu'il crie à tout venant
Son départ ? C'était bon jadis ; mais maintenant
On part sans ameuter la campagne et la ville.

PRÉVANEAU.

Ce vieil usage était loi maussade et servile.

Mais j'aime à rencontrer au moment des adieux
Un voisin, un ami planté devant mes yeux.
Je n'ai jamais posé pour cette humeur farouche
Que l'on met à la mode et que l'on a... de bouche.
Car de la solitude on n'est guère amoureux.

POLIXÈNE.

C'est selon.

PRÉVANEAU.

Non, te dis-je, il serait désastreux
De voir se propager des goûts aussi moroses.
Tu ne m'écoutes pas... bien, parlons d'autres choses.
Je t'apprends que Marga, Rose et ce pauvre vieux
Forment en ce moment un trio furieux.
Ils veulent nous quitter.

POLIXÈNE.

Qu'ils nous quittent bien vite.

PRÉVANEAU.

C'est ce que je réponds à ta sœur Marguerite.
Ne m'a-t-elle pas dit qu'on tue à petit feu
Son idiot de savant? Je te demande un peu
Si d'après son refus de nous vendre les landes
Nous devons le choyer...

POLIXÈNE.

Aux dernières demandes
Qu'a-t-il dit?

PRÉVANEAU.

Non, parbleu, il a dit cent fois non;
Un grand coup pourra seul le mettre à la raison.

POLIXÈNE.

Que ne le frappez-vous?

PRÉVANEAU, avec un grand geste.

Voilà! je suis trop bête,
Trop sensible, trop bon, volontiers je tempête.
Faut-il m'exécuter? je me sens tout marri.

POLIXÈNE.

Aussi rien ne s'achève et ce plan si mûri
Reste à l'état de plan.

PRÉVANEAU.

Pas tout à fait, ma lettre
Est écrite et je dois sans tarder leur soumettre
Ce simple ultimatum : Ou l'on vend le terrain,
Ou Marguerite emballe et prend le premier train,
Pour filer chez sa tante où tout le monde l'aime.

Se frottant les mains.

Ah! j'attends là mon vieux! Cette mesure extrême
Fera ce que n'ont pu nos beaux raisonnements.
Tous deux m'ont résisté... Leurs attendrissements,
Leurs larmes et leurs cris me trouveront de pierre.

POLIXÈNE.

En êtes-vous certain?

PRÉVANEAU.

Oui, je romps en visière,
Pas plus tard que demain.

POLIXÈNE.

Pourquoi pas aujourd'hui?

PRÉVANEAU.

Au fait, je suis lassé de tourner sur mon gril.

POLIXÈNE.

Et l'emprunt va se clore.

PRÉVANEAU.

Eh oui ! de cette vente
Vite il faut s'occuper. Quelle chose énervante
De les voir s'aveugler sur leur propre intérêt !
Un si beau placement ! Enfin je suis tout prêt
A lancer le brûlot. Au diable la tendresse !
Je fais partir ta sœur; sais-tu que le temps presse ?
Si je frappe ce coup, il me faut le frapper,
Car au premier moment Marga peut m'échapper.

POLIXÈNE.

Comment ?

PRÉVANEAU.

Par une noce; on la trouve charmante,
Sans cesse sur sa dot on écrit à ta tante;
Et je connais quelqu'un qui ne dit encore mot,
Mais qui veut l'épouser, et sans un sou de dot.

POLIXÈNE, d'un air de doute.

Vous croyez !

PRÉVANEAU.

J'en suis sûr.

POLIXÈNE.

Le nom de ce grand homme?

PRÉVANEAU.

Son nom? C'est un secret, oh ! je sais bien qu'en somme

On ne garde jamais ce genre de secret,
J'en ai beaucoup gardé...

POLIXÈNE, l'interrompant.

Son nom ?

PRÉVANEAU.

C'est Saint-Péray.

POLIXÈNE, d'une voix sourde.

Raoul !

PRÉVANEAU.

Qui ce matin me faisait bien comprendre
Qu'il serait trop heureux de devenir mon gendre.

POLIXÈNE.

Raoul !

PRÉVANEAU.

Ah ! mais c'est vrai ! ton cousin autrefois
T'appelait sa future et c'est un grand sournois,

On entend un coup de sonnette.

D'avoir aussi longtemps caché son jeu. Qui sonne ?

POLIXÈNE, après avoir jeté un coup d'œil au dehors.

Le Docteur !

PRÉVANEAU.

Descends-tu ?

POLIXÈNE.

Je n'y suis pour personne.

SCÈNE VI

POLIXÈNE, seule. Elle se lève.

Je l'avais pressenti ! je l'avais redouté !
Je les entends, riant de ma crédulité.
Crédule, moi ! non, non, je ne suis pas crédule,
Mais j'espérais encor qu'il se ferait scrupule
De secouer mon joug. Ainsi tout est fini !
Ah ! traître, de mon cœur sois à jamais banni !

Elle se rapproche vivement de la cheminée.

Mais l'aveu vient à point. Heureuse confidence,
Tu me donnes un droit, le droit de la vengeance,

Elle prend l'enveloppe.

Ah ! ce trésor du moins ne l'enrichira pas.

Elle la jette au feu.

C'est fait... je puis porter mon surnom de Judas.

Elle marche vers la porte, se détourne, regarde le feu et met la main sur sa poitrine.

On dirait que ce feu dans mes veines circule.

Avec effroi.

Qui vient ? Mon père.

SCÈNE VII

PRÉVANEAU.

Eh bien, qui diable ici se brûle ?

A Polixène qui va sortir.

Où vas-tu, Polixène, eh ! reste donc un peu,
Mais pousse ce papier plus avant dans le feu.
Qu'est cela ?

POLIXÈNE.

Cela c'est... c'est une vieille note.

PRÉVANEAU, *tendant les mains vers la cheminée.*

Note, tu peux flamber ! J'en ai toute une hotte
Dont j'aimerais beaucoup faire un autodafé ;
Mais revenons au vieux ; Polix, j'ai triomphé.

POLIXÈNE.

Il consent ?

PRÉVANEAU.

A peu près.

POLIXÈNE.

C'est là votre victoire.

PRÉVANEAU.

Ne peux-tu me laisser te raconter l'histoire ?
Qu'as-tu ?

POLIXÈNE.

Rien que je sache.

PRÉVANEAU.

Approche-toi du feu.

POLIXÈNE, *avec un mouvement de répulsion.*

Pourquoi m'en approcher ?

PRÉVANEAU.

Pour te chauffer, parbleu,
Je ne t'ai jamais vu la mine aussi mauvaise.

Qu'as-tu ?

POLIXÈNE.

Rien, et j'attends, mon père, qu'il vous plaise
De m'apprendre comment vous avez opéré
Votre conversion.

PRÉVANEAU, avec emphase.

J'ai, d'un ton mesuré,
Placé la question sous son aspect pratique,
Il a balbutié sa fameuse réplique ;
Montant mes grands chevaux, j'ai déclaré crûment
Que Marga partirait irrévocablement.

POLIXÈNE.

Qu'a-t-il dit ?

PRÉVANEAU.

Il tremblait, et de ses deux mains jointes
Il se frappait le front en bégayant des plaintes
Que je n'écoutais pas. Alors pour en finir
J'ai pensé qu'il fallait, en mots, les désunir.
Feignant d'entrer soudain dans une grande rage
J'ai dit : n'en parlons plus, cessez ce radotage,
Gardez *in æternum* ce stérile terrain,
Mais gardez pour vous seul vos accès de chagrin.
Du départ de Marga, seul vous êtes la cause,
Vous avez beau gémir ; j'avais dicté la clause
En termes nets et clairs ; vous avez refusé,
Libre à vous ! De nos droits nous aurons tous usé !
Il bégayait ! Marga... non... cela ne peut être...
De ma plus grosse voix j'ai dit : Je suis le maître,

Vous en aurez la preuve aujourd'hui, maintenant,
Il est devenu vert; ce mot déterminant
L'aura bouleversé, j'en ai la certitude.
Depuis cet entretien, il meurt d'inquiétude.
Je le laisse languir; mais je suis bien trompé
Si ce soir le rêveur ne vient après souper
Me prier d'arranger à mon gré cette affaire,
Seul, il ne pourrait pas continuer la guerre.
Et si j'en crois son air soucieux et contrit
Ma terrible algarade aura porté son fruit.
Dans ce faible cerveau, j'ai jeté l'épouvante,
Il faut en profiter pour enlever la vente.
Sa parole donnée, il voudra la tenir,
Et, pour l'instant, c'est tout ce qu'on peut obtenir.
N'est-ce point aujourd'hui que Raoul vous invite?
Accepte son dîner, emmène Marguerite,
Du vieillard effrayé, j'aurai vite raison.
Ma fille, admires-tu cette combinaison?

POLIXÈNE.

Je la trouve à la fois politique et cruelle.

PRÉVANEAU.

Cruelle! il le faut bien... Il prête l'oreille. Marguerite m'appelle.

SCÈNE VIII

LES MÊMES, MARGA.

MARGA, entr'ouvrant la porte.

Cher père, êtes-vous là?

PRÉVANEAU, la main sur son gilet.
>Ton père, le voici

MARGA entre.

Je cherche bon papa.

PRÉVANEAU.
>Ton unique souci.

Pourquoi cet air navré?

MARGA.
>Je me sens inquiète,

Il ne sort jamais seul.

PRÉVANEAU.
>Sans tambour, ni trompette,

Un caprice vous prend, par ce temps radieux.

MARGA.

L'avez-vous vu sortir?

PRÉVANEAU.
>Je l'ai vu de mes yeux

Palper ses vieux cailloux, à sa place ordinaire,
Cherche-le.

MARGA.
>J'ai cherché dans la maison entière,

Je le croyais ici.

POLIXÈNE.
>Dans cet appartement

Il ne met pas les pieds.

MARGA.
>Non, malheureusement.

Où peut-il être allé?

PRÉVANEAU.

Rabâcher à l'église.

MARGA.

J'y cours.

PRÉVANEAU.

Non, laisse-moi tenter cette surprise
De l'aller découvrir. (Bas à Polixène.) Emmène-la dîner.

A Marga.

Et si monsieur Blouan voulait se promener?

MARGA.

Oh! d'abord tirez-moi de mon incertitude.

PRÉVANEAU.

Sans doute, je reviens. Il sort.

SCÈNE IX

POLIXÈNE, MARGA.

MARGA, se parlant à elle-même.

Étrange inquiétude!

Posant la main sur son cœur.

Elle me reste là, j'éprouve un vague effroi,
Mon sang, qui me brûlait, se glace, il fait si froid.

Elle prend son ouvrage.

Travaillons, j'ai le temps d'attacher cette frange.

Laissant tomber son ouvrage sur ses genoux,

J'ai bien le temps... Vraiment sa sortie est étrange!

Il ne fait rien sans moi; son but et son motif
M'échappent, c'est certain. Bon papa n'est pas vif,
Et ne déroge pas aux lois de l'habitude.
Je sais que son esprit échauffé par l'étude,
S'exalte en vieillissant...; on a dû l'ennuyer.
A Polixène.
Quelle course fait Rose?

POLIXÈNE.

Il a fallu payer
Notre marchand de vin.

MARGA.

C'était tout, Polixène?

POLIXÈNE.

Tout.

MARGA.

N'es-tu pas malade?

POLIXÈNE.

Eh! si, j'ai la migraine.

MARGA.

Je ne t'ai jamais vue aussi pâle, je crois.
Approche-toi du feu.

POLIXÈNE, reculant.

Du feu... Non! non!

MARGA, qui s'est avancée vers elle.

Tes doigts
Sont glacés, souffres-tu?

POLIXÈNE.

Non, non, je te l'assure.

MARGA.

Mon père est bien longtemps, c'est ce qui me rassure ;
Ils reviennent sans doute en causant, tous les deux.
Elle consulte la pendule.
Quelle heure est-il? Pas d'heure, il est bien douloureux
D'attendre, ayant au cœur une angoisse aussi forte.
Je vais au-devant d'eux... Mais on ouvre la porte.
Elle se précipite vers la porte.

SCÈNE X

LES MÊMES, SAINT-PÉRAY.

MARGA.

Oh! pardon, mon cousin...

SAINT-PÉRAY.

                Ma cousine, pardon!
N'ai-je point oublié sur votre guéridon
Un portefeuille vert, plein de billets de banque?
Au moment de partir l'argent, soudain, me manque.
C'est après que je cours, et s'il n'est pas ici
J'entre en fureur, ma foi.

POLIXÈNE, lui tendant le portefeuille.

                Calmez-vous, le voici.
Partez le cœur léger, mon cousin, bon voyage.

SAINT-PÉRAY.

Mon voyage est remis forcément et j'enrage
D'avoir manqué le train.

POLIXÈNE.

          Ah! le train est manqué.

SAINT-PÉRAY.

Oui, c'est dans l'omnibus où j'étais embarqué
Que j'ai vu qu'il fallait courir après ma bourse.

MARGA.

Et peut-être avez-vous, cousin, dans votre course
Rencontré bon papa...

SAINT-PÉRAY.

          Non, je ne l'ai point vu.
Dieu seul sait quel terrain j'ai pourtant parcouru.
Mais sort-il donc sans vous, ma belle Marguerite?

MARGA.

Hélas! il est sorti.

SAINT-PÉRAY.

          Quel effroi vous agite!

MARGA.

J'ai peur... Je crains...

SAINT-PÉRAY.

          Voyons, Marga, que craignez-vous?
Qui pourrait insulter cet homme aimable et doux?
N'est-il pas bien connu, grâce à son *Antigone*,
Ne vénère-t-on pas son nom et sa personne?

SCÈNE XI

LES MÊMES, PRÉVANEAU.

MARGA.

Eh bien ! mon père ?

PRÉVANEAU.

Eh bien ? je ne l'ai pas trouvé.

MARGA.

Ah ! mon Dieu.

PRÉVANEAU.

Bon ! des cris. Il n'est point enlevé.
Où vas-tu ?

MARGA.

Je ne sais... courir à sa recherche.

PRÉVANEAU.

Attends encore un peu, par la ville on le cherche ;
Rose tout effarée est partie à grands pas,
J'attendais son retour.

MARGA.

Elle ne revient pas.

PRÉVANEAU, prêtant l'oreille.

La voici qui, sans doute, en triomphe l'amène.

SCÈNE XII

LES MÊMES, ROSE.

ROSE.

Pilate, et vous, Judas, mamzelle Polixène,
Qu'avez-vous fait tantôt de notre vieux monsieur?

MARGA.

Rose, on ne l'a pas vu?

ROSE.

Non, mamzelle, en nul lieu.
J'ai parcouru la ville et n'ai trouvé personne;
Seigneur! ce maudit jour, faut-il qu'on l'abandonne!

MARGA.

Mon Dieu !

PRÉVANEAU.

Ce désespoir est bien exagéré.
Enfin, monsieur Blouan s'est-il évaporé.

ROSE, lui montrant le poing.

C'est à vous de le dire, entendez-vous, Pilate ?
Qui le traitait tantôt comme un vieil automate ?
Qui lui mettait, monsieur, les deux poings sous le nez?
Ah! j'aurais dû rester, le voyant chagriné !

MARGA.

Rose, cherchons encore, retournons à la ville.

ROSE.

Allons...

PRÉVANEAU, à Polixène.
Où se retrouvera ce vieillard imbécile?
Il ne peut faire un pas sans Marga, son bâton.
Dans quel diable d'endroit le retrouvera-t-on ?
POLIXÈNE.
Mon père, c'est aussi ce que je me demande.

ACTE III

SCÈNE PREMIÈRE

LA LANDE

MARGA, seule.

Elle appelle.

Mon père ! bon papa !... Pas un bruit dans la lande !
Rien... rien... Mais le brouillard peut étouffer ma voix.
Mon père !... bon papa !... Rien encore cette fois.
Il aurait entendu. Quel est ce cri ? La chouette
Veut gémir avec moi. Cette affreuse silhouette
Me saisit... on dirait un cadavre étendu.
Ma voix dans ce ravin est comme un son perdu.
Mon père ! bon papa !... Mon oreille bourdonne,
J'entends d'étranges voix... Hélas ! ce n'est personne.
Est-il vraiment venu dans ce sauvage lieu ?
Ai-je trouvé sa trace ? A qui parler ?

Tombant à genoux.

A Dieu.

Mon Dieu, qui me voyez, qui voyez ma misère,
Ayez pitié de moi, rendez-moi mon vieux père !
Mort ou fou, Dieu puissant, je le veux, je le veux.

S'il est mort que son corps apparaisse à mes yeux.
O mon Dieu, que ma main lui ferme la paupière.
S'il n'a plus sa raison, si la vive lumière
Au foyer de laquelle, ô mon Dieu ! j'ai pensé,
S'est éteinte, ah ! Seigneur, je le veux insensé !
Mort ou fou, je le veux. Dieu bon, je vous implore,
En ce triste désert l'angoisse me dévore.
Guidez-moi. Je le sais, votre invisible main
L'a pris et l'a conduit... Montrez-moi le chemin.

SCÈNE II

ROSE, MARGA.

ROSE.
Vous ne l'avez pas vu de ce côté, mamzelle ?
MARGA.
Hélas ! non.
ROSE.
J'ai grimpé jusque dans la chapelle.
Il aime les vieux murs et j'espérais quasi
Le trouver sous l'autel, un vieil autel moisi
Dont il m'a tant parlé.
MARGA.
Par où le chercher, Rose ?
ROSE.
Au puits des Korigans ; mais vlà bien autre chose ;
En passant sur le pont, j'ai ma foi rencontré

Pilate, son Judas, et le vieux Saint-Péray.
Leur mauvais coup leur donne un peu de tablature,
Ils cherchent comme nous ; mais trouvant la voiture
De l'anglais Paterson dont l'essieu s'est cassé,
Ils jasaient avec lui. Bien vite j'ai passé ;
Ils criaient après moi, je n'avais plus d'oreille.

MARGA.

Rose, appelons encor, peut-être qu'il sommeille
A l'ombre de ces rocs.

ROSE.

La terre est un dur lit ;
Mais comme je voudrais qu'il y fût endormi !

MARGA.

Et moi donc ! j'espérais, en partant de la ville,
Le trouver en chemin égaré, mais tranquille.
Qu'est-ce que cet objet qui roule sous le vent ?

ROSE.

Quel objet ?

MARGA.

Là, vois-tu, c'est noir et c'est mouvant.

ROSE.

C'est un loir qui retourne à son trou solitaire.

MARGA.

Tu crois ?

ROSE.

C'est ça, C'est ça, la nuit rend visionnaire.
Tout est drôle la nuit, même le bruit de l'eau.

MARGA.

Le loir marche vers toi.

ROSE, se penchant.

Le loir... c'est un chapeau,
Je cours après...

MARGA.

Le vent devant elle, l'enlève.

ROSE, revenant.

Ce chapeau... c'est le sien ou, ma fine, je rêve.

MARGA, saisissant le chapeau.

C'est le sien, c'est le sien, il est donc en ces lieux.

Elle le tourne et le retourne.

Oh! Dieu, ces fils d'argent! ce sont bien ses cheveux.
Rose, cherchons ici.

ROSE.

De ce trou plein de lierre,
Fouillez les alentours, et moi de cette pierre
Qui se dresse là-bas comme un petit clocher,
Je vais faire le tour. Il pourrait se cacher,
Pris de peur, comme il l'est. Non, de mon existence,
Je n'oublierai, Marga, son grand air de souffrance,
Quand Pilate en fureur.....

MARGA, un doigt sur ses lèvres.

Chut! J'entends un soupir.

ROSE.

C'est votre cœur, mamzelle, il ne le faut pas ouïr;
Il vaut mieux jouer des pieds.

MARGA.

Tais-toi, je crois entendre
Remuer ici près.

ROSE.

Mamzelle, il faut comprendre
Que les bêtes la nuit... Eh! bien!

MARGA, écartant les lierres.

Oh ciel! c'est lui!
Il rêve, il vit, il dort! Mon Dieu, soyez béni!

ROSE, joignant les mains.

Seigneur! c'est bien monsieur. Ma bonne Sainte Vierge.
J'irai, sur mes genoux, vous porter un beau cierge!
Il dort, ma fine, il dort, tout comme dans son lit.
Quel oreiller pourtant que ce bloc de granit!
Voyez, mamzelle, il bouge.

MARGA.

Oh! tais-toi donc, il parle.

MONSIEUR BLOUAN, rêvant.

Il est là... creusez là... faites éloigner Charle,
Creusez..... Le vent est froid..... que ce puits est glacé.

MARGA, avec effroi.

Un puits!

MONSIEUR BLOUAN.

Creusez toujours..... étais-je un insensé?

MARGA, se penchant sur lui.

Mon père!... bon papa!...

MONSIEUR BLOUAN, tressaillant.

C'est la voix de ma fille.

ROSE.

Mamzelle, éveillez-le, d'impatience je grille.

MARGA.

Mon père!... bon papa!...

ROSE.

Cher maître, c'est affreux!
Pour nous faire plaisir, ouvrez un peu les yeux.
Il les ouvre, ma foi.

MONSIEUR BLOUAN, se soulevant.

Ma fille!

MARGA, l'enlaçant.

Eh! oui, bon père!
Votre fille Marga.

ROSE, avançant la tête.

Plus votre chambrière.

MONSIEUR BLOUAN, se mettant sur son séant et regardant autour de lui.

Ici... toutes les deux! Qu'est-il donc arrivé?

ROSE.

Que notre bon monsieur, ma fine, s'est sauvé!

MONSIEUR BLOUAN, à Marga.

S'est sauvé? D'où? Comment? Ah! oui, je me rappelle,
Ce départ... ton départ!...

ROSE.

Nous a mis la cervelle
A l'envers, et plutôt que de nous avertir,
Notre bon vieux monsieur invente de partir.

MARGA.

Père, vous m'avez fait mourir d'inquiétude.

MONSIEUR BLOUAN, humblement.

Pardonne-moi, Marga, c'est la décrépitude.
Par ses airs menaçants Charles m'avait fait peur.

Il se touche le front.

Quelque chose a tourné dans ma tête, et mon cœur
S'est tellement brisé que j'en ai pris la fuite,
Je m'en allais disant : où donc est Marguerite?
Et c'est pour te chercher qu'ici je suis venu.

MARGA, l'embrassant.

Pauvre cher bon papa!

MONSIEUR BLOUAN.

Non, je n'en pouvais plus,
Le sommeil m'a saisi.

ROSE.

Où, monsieur? Sur ces pierres?

MONSIEUR BLOUAN.

Non, plus loin, j'ai dormi quelque temps sous ces lierres.
Le froid m'a réveillé.

ROSE.

Dame! un lit de gazon.

MONSIEUR BLOUAN.

L'accès était passé, j'ai repris ma raison.

MARGA.

Cher père!

ROSE.

Ah! bien, monsieur, pour moi, je me demande
Comment vous avez pu rester dans cette lande.

MONSIEUR BLOUAN, s'animant soudain.

Comment! Ah! quel bonheur Dieu m'avait réservé!
A Marga.
Tu sais, mon grand problème! Eh! bien, je l'ai trouvé.
Ta main.

Il se lève aidé par Rose et Marga, se détourne et étendant le bras.

Vois-tu ce roc emmailloté de lierres?
Le vois-tu, près d'ici, dans son cercle de pierres?
On croyait... je croyais, et bien légèrement
Que la nature a fait cet amoncellement.
Cette nuit m'éveillant sous cette sombre voûte,
Il m'est venu soudain une pensée, un doute.
J'ai déchiré mes mains à ces épais fouillis,
Sous ces ronces, j'ai vu l'orifice d'un puits.
C'était le puits ancien qu'en des temps moins prospères
On a voulu cacher sous un tissu de pierres.
Devant mon œil ravi le vrai se dévoila,
Et maintenant ma preuve,

Il montre le puits

oh! Marga, la voilà.
Qu'on creuse maintenant! Qu'on prépare une mine
Pour écarter ces rocs. Qu'on monte une machine!
Qu'on descende demain dans ce puits ignoré,
Le filon est au fond, rempli de minerai,

Une fortune est là. Ta fortune, ma fille,
Ta fortune, entends-tu?

ROSE.

Bon, voici la famille.

SCÈNE III

LES MÊMES, MONSIEUR DE PRÉVANEAU, MONSIEUR DE SAINT-PÉRAY, MONSIEUR PATERSON, POLIXÈNE.

ROSE, courant au-devant de M. de Prévaneau.

Il a trouvé son puits.

PRÉVANEAU.

Lui-même est-il trouvé?

ROSE, montrant M. Blouan du geste.

Le voilà ! de tout mal, par les saints préservé.

PRÉVANEAU, se tournant vers le fond du théâtre.

Par ici, Saint-Péray; par ici, Polixène,
Venez tous par ici, c'est ici qu'est la scène.

A M. Blouan.

Vous nous avez joué, monsieur, un joli tour
En venant, sans mot dire, errer en troubadour
Dans ce fameux terrain, où vous vivez en rêve.

A M. Paterson.

Englishman par ici, c'est ici que s'achève
Le drame commencé; le fuyard est vivant.
Tout guilleret, ma foi.

UN RÊVEUR.

SAINT-PÉRAY.

Bonsoir, mon cher savant,
Vous travaillez toujours, même au clair de la lune,
Et ce grand tas de rocs vous est une tribune.

PATERSON.

Monsieur, c'est trop de zèle.

MONSIEUR BLOUAN.

Il est récompensé.

POLIXÈNE.

Que dit-il?

MONSIEUR BLOUAN

J'éclaircis le point controversé.
Conduit ici ce soir, j'ai vu mon espérance
Dépassée et j'en dois bénir la Providence,

<small>Tendant la main à l'Anglais.</small>

Elle a guidé mes pas. Mon ami touchez là
Et traitons à nouveau, l'ancien puits,

<small>Montrant les rocs.</small>

le voilà!

PATERSON.

L'ancien puits!

MONSIEUR BLOUAN.

Oui, le puits, cette preuve suprême,
Lx tant de fois cherché, la clef de ce problème;
Je l'ai vu de mes yeux, dans cette cavité.
Ce grand roc en ce lieu fut jadis transporté;
Il cachait assez bien cet énorme orifice,
De la ruse bientôt la nature complice

Fit germer alentour ce que vous y voyez
Et ces endroits étaient les moins étudiés.
Aussi ce puits ancien était traité de fable,
On n'avait pas trouvé le sentier véritable ;
Tout est trouvé, monsieur, il n'est plus rien d'obscur,
Mes calculs sont exacts, nous marchons à coup sûr.

PRÉVANEAU, à l'Anglais.

Que dit-il et que fait le puits en cette affaire ?

PATERSON.

Il conclut le marché que nous allions défaire.

MONSIEUR BLOUAN, regardant Marga.

Il donne à mon enfant un immense trésor.

MARGA, lui posant affectueusement la main sur l'épaule.

Il ôte à bon papa la toquade de l'or.

SAINT-PÉRAY.

D'un travail incessant il est la récompense.
Allons, monsieur Blouan, vous avez de la chance
De trouver en dormant ce qui s'est tant cherché,
Ce qui, pour tous les yeux, était si bien caché.

A l'Anglais.

Qu'en dites-vous, milord ?

PATERSON.

Que je prends l'entreprise.

A M. Blouan.

Tout s'est bien engrené... ma voiture se brise
Dans ce profond ravin et je suis amené
A reprendre ce soir le plan abandonné.

SAINT-PÉRAY.

Vous aviez en effet perdu toute espérance.

PATERSON, à M. Blouan.

Tout était bien fini grâce à votre silence.

MONSIEUR BLOUAN.

Quel silence, Monsieur ?

PATERSON.

Ce n'est point un secret
Je vous ai répondu par monsieur Saint-Péray.

POLIXÈNE, à part.

Sa réponse... oh ! torture !

MONSIEUR BLOUAN.

Eh ! non, de cette lettre
Je n'ai pas ouï parler.

PATERSON, à Saint-Péray.

L'avez-vous fait remettre ?

SAINT-PÉRAY.

Comment ! je l'ai remise à Polixène en main.
Polixène, écoutez...

POLIXÈNE.

Voyons ! jusqu'à demain
Allons-nous demeurer dans cette froide lande.

PRÉVANEAU.

Ma fille, comprends donc, Saint-Péray te demande
La lettre de monsieur.

POLIXÈNE.

Une lettre...

SAINT-PÉRAY.

Eh! bien, oui,
Ce n'est pas si lointain, il s'agit d'aujourd'hui,
Et je ne comprends pas cette étrange surprise;
Voyons! c'est ce matin que je vous l'ai remise.

POLIXÈNE

Ce matin... oui... je crois.

PRÉVANEAU.

Attends, je me souviens,
Ce papier qui brûlait...

MARGA.

Permettez, j'interviens.
Pourquoi tant discourir sur cette pauvre lettre ?
Elle est bien inutile, et je ne puis permettre
Qu'on entame en ce lieu tant de discussions,
La nuit n'est pas propice aux conversations.

SAINT-PÉRAY.

Je voudrais cependant éclaircir cette affaire.

MARGA.

L'affaire était le puits; elle devient très claire.
Polixène, va donc avertir le cocher,
Et dis-lui d'avancer ici, sous ce rocher.
Messieurs, séparons-nous, laissons le puits, la lande,
Nous parlerons demain d'or et de dividende.

Couvrez-vous, bon papa, venez, mon cher flâneur,
Vous avez le frisson.

MONSIEUR BLOUAN, se tournant vers le public.
Le frisson du bonheur.

LE DOIGT MOUILLÉ

COMÉDIE EN UN ACTE ET EN PROSE

PERSONNAGES :

M. DE LUCEMONT.   M. DES MARAIS.
Mme DE LUCEMONT, sa femme. ROSE.
Mme DU FRÉDOU.

Le théâtre représente un salon. — A droite, un élégant chiffonnier sur lequel se trouve un pupitre et une corbeille à ouvrage, de laquelle sort une petite écharpe algérienne. Sur la table du milieu un vase de cristal vide. — Mme de Lucemont, assise auprès du chiffonnier, débrouille de la soie rouge.

ACTE PREMIER

SCÈNE PREMIÈRE

MADAME DE LUCEMONT, puis MONSIEUR DE LUCEMONT.

UNE VOIX D'HOMME, à la cantonade.

Léonie, es-tu là ?

MADAME DE LUCEMONT.

Oui.

M. de Lucemont paraît en costume de ville très soigné.

MONSIEUR DE LUCEMONT.

Ah ! diable, j'avais oublié que c'est ton jour de réception. (Se plaçant devant elle.) Me trouves-tu beau ?

MADAME DE LUCEMONT.

Superbe.

M. DE LUCEMONT se tourne vers la glace, et, s'y regardant.

Mon paletot ?

MADAME DE LUCEMONT.

Très joli comme nuance, un peu anglais comme coupe.

MONSIEUR DE LUCEMONT, se retournant vivement.

Ma cravate?

MADAME DE LUCEMONT.

Irréprochable.

MONSIEUR DE LUCEMONT, soulevant délicatement son chapeau.

Mes cheveux?

MADAME DE LUCEMONT.

Très coquettement, très savamment ondulés. Mais à quel propos cette brillante toilette?

MONSIEUR DE LUCEMONT.

Parce que c'est aujourd'hui que j'accompagne Léon de la Remblaye et sa femme à l'exposition de peinture. C'est au moment de sortir pour me rendre au cercle que je me suis souvenu de ma promesse. Je soupçonne Mme de la Remblaye d'être quelque peu artiste.

MADAME DE LUCEMONT.

Je le crois aussi. C'est d'ailleurs une très aimable femme.

MONSIEUR DE LUCEMONT.

Oui. Elle va sans doute beaucoup me gronder d'arriver seul. Pourquoi ne ferais-tu pas une seconde visite à l'exposition? (Regardant sa femme.) Cette robe est très jolie, et, sans compliment, te sied à merveille. Te voilà donc tout habillée. Allons, viens.

MADAME DE LUCEMONT.

Ne me tente pas, Henri. Certainement j'aimerais

beaucoup mieux cela, mais, aujourd'hui, tu le sais bien, la politesse me cloue ici. Voilà plusieurs semaines que, par suite de l'indisposition de Robert, j'ai fait fermer notre porte, et je ne puis rencontrer une de ces dames sans être accablée de reproches plus ou moins sincères, mais qui, chez quelques-unes, deviennent des plus aigres-doux.

MONSIEUR DE LUCEMONT, mettant ses gants.

C'est, ma foi, fort ennuyeux.

MADAME DE LUCEMONT.

Je n'en disconviens pas, mais il faut que je me sacrifie. Qu'est-ce que ces gants violets ?

MONSIEUR DE LUCEMONT, tendant sa main gantée.

Des gants superbement brodés.

MADAME DE LUCEMONT.

Avec une cravate bleue, c'est d'un goût parfait. Ah ! si je n'étais pas là !

MONSIEUR DE LUCEMONT, en riant.

Ma toilette serait moins correcte, je l'avoue.

MADAME DE LUCEMONT.

C'est-à-dire que tu commettrais de véritables hérésies. Ote ce gant-là, te dis-je.

MONSIEUR DE LUCEMONT.

Et comment vais-je faire, alors ? (Se tâtant.) Ah ! en voici une paire; celle-ci aura-t-elle le bonheur de te plaire ? (Il les lui montre).

MADAME DE LUCEMONT.

Ils ne sont pas d'une fraîcheur irréprochable, mais tu peux les mettre. Ne m'oublie pas près de Mme de la Remblaye, et dis-lui bien tous mes regrets. Il faut aujourd'hui que je fasse salon.

MONSIEUR DE LUCEMONT.

Bien du plaisir. (Il va pour sortir.)

MADAME DE LUCEMONT, le rappelant.

Henri !

MONSIEUR DE LUCEMONT, revenant.

Eh bien ?

MADAME DE LUCEMONT.

En passant par le petit corridor, je te prie de ne pas faire ainsi résonner tes talons. Robert dort.

MONSIEUR DE LUCEMONT, marchant avec précaution.

Je marcherai sur mes pointes, je te le promets solennellement. (Apercevant Rose.) Quel frais bouquet ! passez, Rose. (Il se range pour la laisser passer et il sort.)

SCÈNE II

MADAME DE LUCEMONT, ROSE, portant des fleurs

MADAME DE LUCEMONT, se levant.

Tout cela n'est pas du jardin, Rose ?

ROSE.

Non, le valet de chambre de M. des Marais en a

apporté une grande partie avec les compliments de son maître pour madame.

MADAME DE LUCEMONT.

Je me doutais que ces fleurs venaient de lui. Ne les posez pas sur la table, Rose, gardez-les entre vos mains pendant que je les place. Elles sont si fraîches, que ce serait dommage de les froisser. (Montrant un camélia.) Ce camélia blanc n'est pas le nôtre, je suppose. J'ai défendu de le cueillir.

ROSE.

Et je m'en serais bien gardée. J'ai toujours pensé qu'il entrerait dans le premier bouquet de bal de madame.

MADAME DE LUCEMONT, en hochant la tête.

Malheureusement il n'attendra pas cela pour se faner.

ROSE.

Il ne sera pas fané la semaine prochaine, et si madame assiste aux fêtes que va donner Mme de Rousselin, il ne se fanera pas sur pied.

MADAME DE LUCEMONT.

Il n'est point du tout question de fêtes chez Mme de Rousselin.

ROSE.

Je demande bien pardon à madame, mais Lydie m'a dit le contraire ce matin, et elle était bien informée, puisqu'elle le tenait de sa maîtresse. Cette nouvelle m'a toute réjouie, car enfin madame a passé tout l'hiver dernier au coin de son feu, et, comme me disait Lydie : quand Mme de Lucemont, qui est la plus jolie femme de Nantes, n'est pas dans un salon, on s'en aperçoit tout de suite.

MADAME DE LUCEMONT, souriant.

Mlle Lydie me fait beaucoup d'honneur. Robert ne s'est pas réveillé, n'est-ce pas ?

ROSE.

Non, madame.

MADAME DE LUCEMONT.

Comme sa bonne ne rentrera qu'à trois heures, je vous prie de ne pas quitter sa chambre.

ROSE.

S'il se réveille, faudra-t-il appeler madame ?

MADAME DE LUCEMONT.

Non, si Louise est rentrée et s'il est tranquille; oui, s'il pleure et s'il me cherche. Tendez-moi votre tablier, emportez ces feuilles, ces tiges, tout cela. (Elle jette les débris du bouquet dans le tablier blanc de Rose.)

ROSE.

Madame recevra-t-elle tout l'après-midi ?

MADAME DE LUCEMONT.

Jusqu'à six heures. On sonne, il me semble.

ROSE.

Tout le monde ?

MADAME DE LUCEMONT.

Certainement tout le monde, indistinctement. Allez vite, voici quelqu'un.

SCÈNE III

MADAME DE LUCEMONT, MADAME DU FRÉDOU

MADAME DU FRÉDOU.

Bonjour, ma chère Léonie. Comme je viens d'apprendre par votre mari que vous recevez, j'ai un peu abrégé les formalités de la porte, et bien que votre groom ne parût pas bien sûr de son fait, je me suis permis de trancher dans ses hésitations et j'ai monté chez vous tout droit.

MADAME DE LUCEMONT.

Vous avez très bien fait, Aline.

MADAME DU FRÉDOU.

N'est-ce pas? Je ne voulais pas perdre l'occasion de vous rencontrer, vous vous faites si rare.

MADAME DE LUCEMONT.

Je vous assure, Aline, que...

MADAME DU FRÉDOU, l'interrompant.

Que je dis l'exacte vérité. Il y a des siècles que je n'ai eu le plaisir de vous voir! Vous n'êtes jamais chez vous ou du moins vous n'y êtes pas pour vos connaissances.

MADAME DE LUCEMONT.

A la bonne heure, car je sors très rarement. Mais veuillez vous asseoir. (Elles s'asseyent). Votre famille va bien, Aline?

MADAME DU FRÉDOU.

Oh! très bien, moins M. du Frédou, qui, comme vous le savez, se plaint toujours. Mais j'y suis faite.

MADAME DE LUCEMONT.

On dit qu'il y a beaucoup de fièvres scarlatines en ville; cela doit un peu vous inquiéter pour vos enfants?

MADAME DU FRÉDOU.

Non, car ils l'ont.

MADAME DE LUCEMONT.

Ah! mon Dieu!

MADAME DU FRÉDOU.

Quel cri d'effroi! La fièvre est très bénigne, ma chère; ainsi, calmez-vous. Vous voilà comme mon mari, qui se ferait volontiers attacher au pied du lit de ses enfants.

MADAME DE LUCEMONT.

Je croyais bien avoir aperçu avant-hier votre petite Charlotte.

MADAME DU FRÉDOU.

Cela se peut bien. Charlotte ne l'a pas encore.

MADAME DE LUCEMONT.

Elle est charmante, votre fille, Aline.

MADAME DU FRÉDOU.

Oui, mais bien insupportable. Mais parlons de choses plus intéressantes. Savez-vous que je viens vous gronder. On se plaint très amèrement de vous.

MADAME DE LUCEMONT.

De moi?

MADAME DU FRÉDOU.

Mais oui, et, pour parler plus sincèrement (avec un sourire ironique), il y en a qui se plaignent, il y en a qui admirent.

MADAME DE LUCEMONT.

Je ne vous comprends pas, Aline.

MADAME DU FRÉDOU.

Je vais me faire comprendre. Où se passent maintenant les trois quarts de votre temps, ma chère amie?

MADAME DE LUCEMONT.

Mais, Aline...

MADAME DU FRÉDOU.

Mais, Aline, n'est pas une réponse. Je vais d'ailleurs répondre pour vous. Comme les très jeunes femmes, vous êtes une mère fanatique, et les heures que vous nous donniez, vous les passez maintenant à genoux devant le berceau de votre Robert.

MADAME DE LUCEMONT, en souriant.

Il est certain que je le ferais volontiers; mais cela n'est guère possible. Comme vous devez le savoir, rien n'est exigeant comme ces babies, et ils ne laissent guère de temps à la contemplation. Quand j'ai le bonheur de le voir endormi, je l'abandonne tout entier à sa bonne (naïvement), bien malgré moi, je vous assure.

MADAME DU FRÉDOU.

C'est égal, vous tombez dans l'exagération, permettez-moi de vous le dire. Se retirer du monde parce qu'on a un enfant de trois mois, cela n'a pas le sens commun.

MADAME DE LUCEMONT.

Mais, Aline, je ne me suis point du tout retirée du monde ; je lui donne encore beaucoup de temps, au monde. Ce pauvre monde ! on lui jette si souvent la pierre à tort et à travers, que cela me dispose bien pour lui, et je ne chercherai jamais à me poser en une misanthrope farouche revenue de toute vanité. Mais il y a des choses qui priment tout. Si je donne un peu moins de temps au monde que par le passé, il ne faut pas s'en étonner. Mon poids d'obligations s'est alourdi, et je m'occupe tout d'abord de mon enfant ; c'est le devoir, cela.

MADAME DU FRÉDOU.

Le devoir ! Tenez, il y a des gens qui feraient de la maternité un supplice.

MADAME DE LUCEMONT.

Jamais, Aline.

MADAME DU FRÉDOU.

C'est comme je le dis, être mère serait endurer le martyre.

MADAME DE LUCEMONT, d'un air pensif.

Un martyre... peut-être, mais pas un supplice.

MADAME DU FRÉDOU.

Vous épiloguez sur les mots ; martyre et supplice sont pour moi synonymes. Cela vous fait hocher la tête ! Ah ! on voit bien que vous êtes encore dans la phase idéale, dans la période d'adoration. Mais attendez un peu que cet ange, que ce chérubin ait mal aux dents; alors vous m'en direz des nouvelles.

MADAME DE LUCEMONT.

Oh ! certainement, Aline, car alors je ne le quitterai pas.

MADAME DU FRÉDOU.

Voyez-vous l'exagération?

MADAME DE LUCEMONT.

Est-ce que vous avez quitté vos enfants quand ils souffraient, Aline?

MADAME DU FRÉDOU.

Mon Dieu, oui ! j'ai été dénaturée à ce point-là. D'abord ils ne voulaient que leur bonne, ensuite cela me faisait un mal affreux, cela m'agitait horriblement. M. du Frédou m'arrachait de leur chambre.

MADAME DE LUCEMONT.

Et vous vous laissiez faire. (Avec énergie.) J'espère bien que M. de Lucemont n'usera jamais de son autorité, de cette façon-là du moins.

MADAME DU FRÉDOU.

C'est qu'il ne sera pas obligé d'en venir à cette extrémité. Vous êtes si parfaits ; on vous cite, on le cite, enfin vous êtes le ménage type en ce moment.

MADAME DE LUCEMONT.

Vous raillez, Aline ; mais, comme c'est une vieille habitude chez vous, il n'y a qu'à vous laisser dire.

MADAME DU FRÉDOU.

Je ne raille pas, et j'ai toujours reconnu de très bonne grâce que vous avez eu la main heureuse dans cette loterie qu'on appelle le mariage. M. de Lucemont est un homme charmant ; mais, par exemple, je le trouve singulièrement tyrannique de vouloir vous emmener à la campagne dans cette saison.

MADAME DE LUCEMONT.

Il n'en a point du tout l'idée, je vous assure.

MADAME DU FRÉDOU.

C'est ce qui vous trompe, Léonie. Est-ce que c'est moi qui vous annonce cette effrayante nouvelle ?

MADAME DE LUCEMONT.

Expliquons-nous. Je sais très bien que tous les ans nous nous réunissons à la Roche-Suart, la veille du 1er janvier, et comme ma belle-mère tient beaucoup à cette réunion de famille, je n'aurai garde, moi la dernière venue, d'y manquer, bien que le moment ne soit pas agréable pour voyager. Mais enfin nous ne sommes pas près de partir.

MADAME DU FRÉDOU.

Pardon, vous partez aujourd'hui.

MADAME DE LUCEMONT.

Aujourd'hui?

MADAME DU FRÉDOU.

Ce soir, M. de Lucemont me l'a dit lui-même.

MADAME DE LUCEMONT.

Il aura donc reçu une lettre depuis qu'il m'a quittée.

MADAME DU FRÉDOU.

Probablement. En effet, je crois me rappeler qu'il avait une lettre à la main. Il était aussi fort pressé, il courait. Or, je voulais être bien sûre que mes oreilles ne me trompaient pas, car enfin cette nouvelle me consternait.

MADAME DE LUCEMONT.

Pour moi?

MADAME DU FRÉDOU.

Et pour moi.

MADAME DE LUCEMONT.

Pour vous, Aline? Vous êtes fort énigmatique aujourd'hui.

MADAME DU FRÉDOU.

Et vous, fort ignorante de ce qui se passe. Ne vous a-t-on pas prévenue de ce qui vient d'être arrangé?

MADAME DE LUCEMONT.

Non.

MADAME DU FRÉDOU.

M. des Marais n'en fait jamais d'autres. Soyez tranquilles, nous a-t-il dit hier, je réponds de ma nièce de Lucemont, et dans une heure elle saura ce qu'on attend d'elle.

MADAME DE LUCEMONT.

Je ne sais rien du tout. Mon oncle m'a fait porter des fleurs selon sa gracieuse habitude, mais sans les faire accompagner d'un message autre que son compliment banal.

MADAME DU FRÉDOU.

C'est donc moi qui aurai le plaisir de vous annoncer que Mme de Rousselin se décide à ouvrir ses salons. Elle recevra deux fois par semaine.

MADAME DE LUCEMONT.

Vraiment!

MADAME DU FRÉDOU.

Oui! On dansera, on jouera des comédies, des charades, non point, comme l'an dernier, de ces charades improvisées dont l'intérêt est toujours plus ou moins languissant, mais des charades arrangées à l'avance par M. des Marais, qui a tant d'imagination et qui s'entend si bien à ces sortes de choses. Les costumes seront classiques et splendides. Mme de Rousselin transformera son petit salon en atelier de costumier. Vous serez des nôtres, certainement vous en serez. Il y a même, je crois, plusieurs scènes et plusieurs tableaux qui manqueraient sans vous.

MADAME DE LUCEMONT.

Comment cela?

MADAME DU FRÉDOU.

Parce qu'on vous a déjà choisi des rôles, les plus flatteurs sans contredit. M. des Marais prétend que le costume juif et tout costume un peu lourd ne sied parfaitement qu'à vous, parce que vous êtes grande et élancée. Il y a des scènes tirées de l'Ancien Testament; d'autres, des tragédies de Racine et de Corneille; ce sera charmant. Pourquoi faut-il que M. de Lucemont vienne mettre des bâtons dans nos roues, et s'imagine de vous emmener à la campagne? Ces hommes sont d'un égoïsme! Chasser les amuse, et, quand leur crise les prend, ils vous emmènent sans façon dans leurs marécages pour leur tenir compagnie. C'est révoltant! Ne comptez-vous pas vous révolter un peu? Le prétexte est tout trouvé : notre société dramatique a besoin de vous.

MADAME DE LUCEMONT, en souriant.

Je crois que ce serait exagérer ce que je puis valoir à ce point de vue.

MADAME DU FRÉDOU.

Dans tous les cas, comme votre départ me serait une contrariété personnelle, je suis décidée à faire de l'opposition.

MADAME DE LUCEMONT.

En quoi cela vous contrarierait-il donc si fortement ?

MADAME DU FRÉDOU.

En quoi ? Je suis votre doublure. Si vous venez à manquer, je vous remplacerai.

MADAME DE LUCEMONT.

Ah ! vous devez me remplacer ?

MADAME DU FRÉDOU.

Oui. M. des Marais prétend que nous avons le même genre de beau... de figure, et à peu près la même taille et la même tournure.

MADAME DE LUCEMONT, se pinçant les lèvres.

Mon prévoyant oncle ne m'avait jamais parlé de cette ressemblance-là.

MADAME DU FRÉDOU.

N'est-ce pas un peu ironiquement que vous prononcez ce mot de prévoyant ? Je vous assure qu'il ne s'agit que d'une simple mesure de prudence. Tout le monde connaît les goûts cynégétiques de votre mari ; et, comme de grandes chasses s'organisent à six lieues de nous, nous surveillons nos chasseurs du coin de l'œil. Allez, c'est bien pour cela que M. de Lucemont rêve de quitter Nantes ; mais vous résisterez, je suppose.

MADAME DE LUCEMONT.

Oh ! non, certainement.

MADAME DU FRÉDOU, avec une joie déguisée.

Comment! vous consentiriez à vous exiler en ce moment?

MADAME DE LUCEMONT.

Oui. (Avec effort.) J'aime beaucoup la campagne, vous savez.

MADAME DU FRÉDOU.

Même l'hiver?

MADAME DE LUCEMONT.

Même l'hiver.

MADAME DU FRÉDOU.

Vous n'y mourez pas d'ennui?

MADAME DE LUCEMONT.

Vous le voyez bien, puisque j'y ai déjà passé plusieurs hivers avant mon mariage, et que je suis très vivante.

MADAME DU FRÉDOU, se levant.

Eh bien, me voilà aussi toute prête à vous canoniser. A mes yeux vous êtes maintenant une sainte, ni plus ni moins, et digne en tous points de représenter les austères femmes de la Bible, ce qui, pour nous autres mondaines, est assez difficile. Seulement je crois que vous plaisantez; et je suis très sûre que vous reviendrez de cette décision. (Lui prenant les mains.) Je vous en prie, Léonie, attendez au moins jusqu'au 2 janvier. Le 1er, Mme de Rousselin donne un grand bal, une fête splendide, où nous répéterons nos charades les mieux réussies. Quelle Esther, quelle

Rébecca ferai-je? je vous le demande un peu! Je n'avais accepté que parce que je me croyais bien certaine de ne pas représenter du tout. Quand ce ne serait que pour moi, pour m'épargner l'embarras où cela me jetterait, tâchez de faire changer de résolution à M. de Lucemont, ou, s'il fait le despote, laissez-le partir seul pour ses champs.

MADAME DE LUCEMONT, vivement.

Y pensez-vous, Aline?

MADAME DU FRÉDOU.

Où serait le mal? (D'un air câlin.) Dites, ma petite, le ferez-vous?

MADAME DE LUCEMONT.

Non, non; c'est impossible.

MADAME DU FRÉDOU, feignant une grande colère.

Eh bien, c'est affreux! c'est ridicule! Tenez, je vous en voudrai toujours d'avoir ainsi manqué de complaisance. Je suis désolée de m'être engagée envers Mme de Rousselin, oh! désespérée! Adieu, adieu, vous êtes une méchante, avec toute votre vertu. (Elle sort.)

SCÈNE IV

MADAME DE LUCEMONT, seule.

Elle remonte le théâtre à pas lents et les yeux baissés: elle s'assied en joignant les mains.

Est-elle fausse, cette femme, est-elle fausse! Rien

ne la charme davantage que de me voir partir en ce moment et elle joue le désespoir, c'est une véritable comédie. Elle a toujours rempli les premiers rôles, se voir supplanter lui est odieux, elle est si vaine, si frivole, si éprise de ce qu'elle appelle sa beauté. (Avec un demi-sourire.) Il ne faut pourtant pas que j'en dise du mal, de sa beauté, puisqu'elle me ressemble. Ah! monsieur des Marais, vous me payerez cela ! Malgré toute sa dissimulation, comme j'ai bien vu sa joie quand je lui ai dit que j'irai à la Roche-Suart, que j'aimais la campagne, même l'hiver ! elle n'en a pas cru un mot, et elle a eu raison. La campagne en hiver ? je la déteste. Mais voilà la franchise qui se déploie dans le monde ! Avouer cela à Mme du Frédou, qui colporte tout, qui amplifie tout, qui arrange tout à sa façon, c'était avoir l'air de blâmer Henri, me poser en victime. Au reste, sans ces fêtes, que m'importerait de quitter Nantes pour six semaines ! Je n'aurais même pas songé à le regretter. Mais les soirées de Mme de Rousselin sont charmantes, ses charades extraordinairement amusantes. Je suis très curieuse de savoir pourquoi Henri se permet ainsi de brusquer notre départ, sans même m'en avertir. Car, enfin, j'étais bien décidée à sacrifier ma soirée du 2 janvier; mais les autres ! Et quand nous reviendrons, tout sera fini; il n'y aura plus que les réunions vulgaires auxquelles je ne tiens pas; c'est assez contrariant. Et puis me voir remplacée par cette Mme du Frédou, qui a le même genre de figure que moi. (Elle rit.) Voilà bien la vérité la plus désagréable qui m'ait été dite, si c'est une vérité, ce dont mon amour-propre veut encore douter. (Elle tend la main vers la soie rouge dont elle fait une frange, et, apercevant une lettre à demi dépliée, elle la prend.) Heureusement, j'ai des amies qui ne ressemblent pas à Aline; cette chère Marthe, comme elle comprend tout, comme elle s'intéresse à tout ce qui est vraiment intéressant! Voilà une amie, celle-là, et non pas cette femme irréfléchie, qui me donne sans hésiter de forts singuliers conseils, et qui m'entraînerait volontiers dans tous les casse-cous possibles, quitte à s'amuser ensuite à mes dépens. Comme j'ai bien fait de ne pas lui laisser voir le mécontentement que j'éprouvais contre Henri : car, au fond, je suis très mécontente de lui. Annoncer cela sans me consulter et sans même venir me dire ses raisons ! C'est un peu fort; et je ne manquerai pas de lui faire sentir son tort, afin qu'il ne recommence plus. (Prêtant l'oreille.) Mais le voici, je crois; oui, c'est lui; prenons l'air un peu fâché.

SCÈNE V

MADAME DE LUCEMONT, MONSIEUR DE LUCEMONT.

MONSIEUR DE LUCEMONT.

Tu es seule, tant mieux. Ouf ! je n'en puis plus,

je suis en nage ! (Il s'assied et s'essuie le front avec son foulard.)

MADAME DE LUCEMONT, gravement.

Peux-tu m'expliquer le but de cette course désordonnée ?

MONSIEUR DE LUCEMONT.

Je reviens pour cela. Figure-toi qu'en sortant j'ai trouvé le facteur qui venait porter une lettre d'Alphonse et une lettre de ma mère. Ernest et Marthe sont à la Roche-Suart.

MADAME DE LUCEMONT.

Marthe !

MONSIEUR DE LUCEMONT.

Oui. Ils y passeront plusieurs jours; Ernest vient pour assister aux chasses qui se sont organisées aux environs, et ma mère, sachant qu'Alphonse m'écrit pour m'inviter comme chasseur, nous prie d'aller les rejoindre. Il y aura la semaine prochaine une chasse au loups monstre, et elle tient beaucoup à ce que tu sois là avec Marte. A elles deux, me dit-elle, vous calmerez les angoisses que ce genre d'amusement me fait toujours éprouver. Elle nous engage donc à partir immédiatement à cause de Robert, le temps étant au beau; et, comme elle m'annonce aussi que demain a lieu le concours de charrues dans lequel doit fonctionner la charrue modèle que j'ai donnée à mon fermier de la Gâterie, j'ai formé le projet de partir ce soir, et j'ai couru chez de la

8

Remblaye pour le lui annoncer. De là, je suis allé au bureau central pour prendre quelques informations nécessaires, et me voici. Nous partirons par le train de cinq heures et nous serons à neuf heures à la Roche-Suart. Tu vois bien que nous n'avons pas de temps à perdre. Ainsi, occupe-toi des bagages.

MADAME DE LUCEMONT.

Mais, Henri...

MONSIEUR DE LUCEMONT.

Mais quoi ?

MADAME DE LUCEMONT.

Ce départ est bien... bien précipité !...

MONSIEUR DE LUCEMONT.

Oui, mais qu'importe ! Au lieu de n'aller à la Roche-Suart que pour le 1er janvier, nous y allons le 1er décembre, voilà tout.

MADAME DE LUCEMONT.

Tu arranges cela à ta façon et sans même me demander si cela me plaît ainsi. Il fait beau, mais très froid, et je me demande s'il serait prudent de faire voyager Robert.

MONSIEUR DE LUCEMONT.

Puisqu'on a permis de le faire voyager la veille du 1er janvier, tu avoueras que d'ici là on ne peut guère espérer un changement de température. Les wagons de première classe sont chauffés, d'ailleurs ; et qu'il dorme là ou dans son berceau, cela revient au même.

MADAME DE LUCEMONT.

Pas tout à fait; et puis j'entre bien aussi en ligne de compte. Cette perspective de passer six semaines à la campagne en cette saison, en plein hiver, ne me sourit pas du tout, mais du tout.

MONSIEUR DE LUCEMONT.

Allons, tu y mets de la mauvaise volonté !

MADAME DE LUCEMONT.

Et toi, de l'entêtement.

MONSIEUR DE LUCEMONT.

Peut-être; mais je trouve ce petit voyage si plein d'agrément et d'utilité...

MADAME DE LUCEMONT.

D'utilité ?

MONSIEUR DE LUCEMONT.

Mais oui, j'ai des ordres à donner à mon fermier, des arrangements à prendre. Et puis je vais pouvoir chasser tout à mon aise, et dans un pays très giboyeux. Ce mois-là va être pour moi un mois de plaisr.

MADAME DE LUCEMONT, à demi-voix

Un plaisir passablement égoïste.

MONSIEUR DE LUCEMONT.

Que dis-tu ?

MADAME DE LUCEMONT,

Je dis... je ne dis rien du tout.

MONSIEUR DE LUCEMONT.

Si... Tu as prononcé le mot d'égoïsme, il me semble.

MADAME DE LUCEMONT.

Peut-être bien.

MONSIEUR DE LUCEMONT.

Allons, Léonie, quelle mouche te pique? Tu es singulière et maussade. Je ne t'ai jamais vue comme cela. Voyons! qu'as-tu?

MADAME DE LUCEMONT.

Moi, rien.

MONSIEUR DE LUCEMONT.

Oh! je t'en prie, ne deviens pas fantasque.

MADAME DE LUCEMONT.

Et toi, ne deviens pas exigeant.

MONSIEUR DE LUCEMONT.

Il n'y a pas d'exigence en ceci. J'ai besoin d'aller à la campagne; ton amie la plus intime t'y attend, et je t'y emmène plus tôt que cela n'était convenu entre nous; il n'y a pas de quoi se récrier ainsi. Mais voici du monde qui t'arrive, je me sauve; j'ai à passer chez mon armurier. J'espère ne plus retrouver cette petite moue-là quand je reviendrai. A bientôt. (Il sort.)

ROSE, annonçant.

Monsieur des Marais.

SCÈNE VI

MADAME DE LUCEMONT, MONSIEUR DES MARAIS

MONSIEUR DES MARAIS.

Ma nièce, j'ai bien l'honneur de vous saluer. Je ne m'inquiète pas de votre santé : ces joues roses et ces yeux brillants répondent pour vous.

MADAME DE LUCEMONT, lui avançant un fauteuil.

Veuillez vous asseoir, mon oncle. Ma santé est en effet des plus florissantes. Me permettez-vous de vous demander des nouvelles de la vôtre ?

MONSIEUR DES MARAIS.

Certainement. La mienne a vu trop d'hivers pour ne pas s'en ressentir un peu. Ces jours-ci, j'ai un rhumatisme (se secouant) qui se promène en propriétaire sur ma personne. Ah ! jeune femme, c'est un vilain hôte que celui-là, un hôte terriblement quinteux et incommode. Mais à quoi bon vous en parler, à vous qui ne comptez que des printemps, et quels printemps !

MADAME DE LUCEMONT.

Mon oncle, vous oubliez toujours que vous parlez à une respectable mère de famille.

MONSIEUR DES MARAIS.

En vous regardant, on peut l'oublier. Mais qu'avez-vous ? Si mes yeux ne me trompent pas, il me semble qu'il y a (il passe la main sur son front) sur ce front gracieux je ne sais quelle ombre, quel nuage léger. Mon neveu ne fait pas le tyran, je l'espère ?

MADAME DE LUCEMONT.

Non, non, soyez tranquille. Henri est, par continuation, très bon. Si seulement il aimait moins la chasse et sa ferme.....

MONSIEUR DES MARAIS.

Ce sont vos rivales, madame ?

MADAME DE LUCEMONT.

Oui.

MONSIEUR DES MARAIS.

Mais vous n'en n'êtes pas jalouse, je suppose ?

MADAME DE LUCEMONT.

Je crains toujours qu'il ne me délaisse pour elles.

MONSIEUR DES MARAIS.

Pas en décembre. Le blé ne fait encore que pourrir au fond des sillons, et, quant à la chasse, le son du cor n'a pas d'échos dans le passage Pommeraye.

MADAME DE LUCEMONT.

Le vrai chasseur, mon oncle, se passe de cet excitant ; et la preuve, c'est que nous allons partir pour la Roche-Suart, qui devient une sorte de rendez-vous de chasse.

MONSIEUR DES MARAIS.

Vous, partir pour la Roche-Suart ? c'est impossible !

MADAME DE LUCEMONT.

Cela sera pourtant.

MONSIEUR DES MARAIS, frappant sa canne sur le parquet.

Cela ne sera pas. Nous avons besoin de vous pour les plaisirs qui se préparent, et, je vous l'affirme, on ne vous laissera pas partir. D'abord, moi, je m'y oppose formellement. Mme de Rousselin fait jouer des comédies, des charades. Si on m'enlève mon plus beau sujet, que voulez-vous que je fasse ?

MADAME DE LUCEMONT, finement.

Il vous restera les doublures.

MONSIEUR DES MARAIS.

Et qui sera votre doublure, à vous, je vous prie ?

MADAME DE LUCEMONT.

Mme du Frédou. On dit qu'elle me ressemble beaucoup.

MONSIEUR DES MARAIS.

Ciel ! Qui a osé blasphémer ainsi ?

MADAME DE LUCEMONT, en souriant.

Vous voulez savoir le nom du coupable ?

MONSIEUR DES MARAIS.

Oui ; mais ce n'est pas un homme, ce doit être une femme.

MADAME DE LUCEMONT.

C'est un homme.

MONSIEUR DES MARAIS.

Eh bien, à l'avance, je déclare qu'il n'a ni intelligence, ni goût, ni.....

MADAME DE LUCEMONT.

Doucement, doucement, ne maltraitez pas ainsi ce pauvre coupable, car cet homme sans goût, sans intelligence, c'est vous, monsieur !

MONSIEUR DES MARAIS.

Moi ?

MADAME DE LUCEMONT.

Vous. C'est vous qui avez dit à Mme du Frédou que nous avions le même genre de figure, la même taille, la même tournure.

MONSIEUR DES MARAIS, levant les deux bras vers le plafond.

Plafond, qui l'entendez et qui ne croulez pas !

MADAME DE LUCEMONT.

Vous ne lui avez pas dit cela ?

MONSIEUR DES MARAIS.

Elle me le disait, je suis trop poli pour donner un démenti à une femme ; j'ai dit comme elle. Elle vous ressemble ! Oui, comme le chardon ressemble à la rose, comme la chenille ressemble au papillon.

MADAME DE LUCEMONT.

Voyez donc comme il faut ajouter foi à tous vos beaux compliments.

MONSIEUR DES MARAIS.

Ma nièce, j'ai toujours eu pour habitude de me moquer sans pitié des gens prétentieux.

MADAME DE LUCEMONT.

Oh ! que vous êtes peu charitable !

MONSIEUR DES MARAIS.

Oh! que vous êtes naïve! Mais revenons à notre affaire. Vous êtes indispensable à mes tableaux, vous entendez, in... dis... pen... sable. Vous seule porterez avec une majesté suffisante ces riches costumes, écrasants pour d'autres femmes; vous seule saurez représenter dignement ces femmes bibliques dont Mme du Frédou, avec sa figure de poupée et sa taille étriquée, ne serait que la caricature. Comme le turban ira bien sur ces cheveux brillants et ondulés! Avec quelle noblesse vous traînerez votre manteau royal! Quelle belle Rébecca, quelle touchante Esther vous ferez! (Avec feu.) Vous voir figurer dans mes tableaux sera la récompense de tous les ennuis inséparables de ma position de directeur, car, avec vous, je suis sûr du succès.

MADAME DE LUCEMONT, riant.

Mon oncle, mon oncle, ne vous enflammez pas ainsi, et songez plutôt à chercher ailleurs des personnages : vous trouverez dix Esther, dix Rébecca pour une.

MONSIEUR DES MARAIS.

Où, s'il vous plaît?

MADAME DE LUCEMONT.

Mais, parmi ces dames.

MONSIEUR DES MARAIS.

Citez, citez des noms, il me faut des noms.

MADAME DE LUCEMONT.

Mme du Grollier.

MONSIEUR DES MARAIS.

Trop petite.

MADAME DE LUCEMONT.

Sa belle-sœur ?

MONSIEUR DES MARAIS.

Trop blonde.

MADAME DE LUCEMONT.

Mme de Chaulieu ?

MONSIEUR DES MARAIS.

Trop grasse.

MADAME DE LUCEMONT.

Mlle de Saint-Louis ?

MONSIEUR DES MARAIS.

Trop maigre.

MADAME DE LUCEMONT, riant.

Oh ! c'est par trop fort.

MONSIEUR DES MARAIS.

Que voulez-vous ! je suis inexorable, comme un peintre qui choisit ses modèles. Savez-vous que nous aurons beaucoup de monde et qu'il faut que nous soyons, autant que possible, irréprochables. Mme de Rousselin ne négligera rien pour que le cadre soit digne du tableau; elle fait des frais inouïs. A nous donc de la seconder en montrant de la bonne volonté. Elle ne vous pardonnerait pas de quitter Nantes sans nécessité. Mais vous ne nous quitterez pas. Henri ne résistera pas au plaisir de voir sa femme admirée par la fine fleur de la société nantaise, et vous ne retrouverez pas les soirées de Mme de Rousselin, dont les salons se fermeront avant le carnaval. Et quelles journées amusantes vont commencer ! Les répétitions, les mises en scène, les essais de costumes, et cela en petit comité, entre acteurs seulement. Et vous viendriez troubler tout cela ? Allons donc ! Dites catégoriquement à Henri que vous n'irez pas maintenant à la campagne. C'est une horreur !

MADAME DE LUCEMONT, avec un soupir.

Mais puisqu'il désire y aller.....

MONSIEUR DES MARAIS.

S'il a des désirs saugrenus, tant pis pour lui ! Dans tous les cas, puisque vous ne chassez pas, rien ne vous oblige à l'accompagner. S'il veut aller patauger dans ses mares, qu'il y aille, nous nous passerons bien de lui. Je me ferai votre chevalier servant ; Mme de Rousselin vous servira de chaperon, si tant est que vous ne puissiez pas vous en passer, et tout le monde sera content. Ces fêtes n'auront, je vous prie de le croire, rien de trop public, ce qui vous permettra d'y paraître sans votre mari. Eh bien, c'est arrangé, n'est-ce pas ? je vais pouvoir annoncer à Mme du Frédou, chez laquelle je vais de ce pas et à laquelle vous ressemblez comme à moi, qu'elle peut se dépiter à l'aise et que je vous ai décidée à rester.

MADAME DE LUCEMONT, avec hésitation.

Je voudrais bien, je ne demanderais pas mieux que de...

MONSIEUR DES MARAIS, se levant.

Vous hésitez, c'est dire que vous consentez. Et près d'Henri, vous pourrez ce que vous voudrez. N'a-t-on pas toujours proclamé ceci : Ce que femme veut, Dieu le veut. Voulez-vous rester à Nantes, vous?

MADAME DE LUCEMONT.

Certainement, je le voudrais.

MONSIEUR DES MARAIS.

Très bien; cette parole vous engage et cela me suffit.

MADAME DE LUCEMONT, vivement.

Mon oncle, per...

MONSIEUR DES MARAIS.

Je ne permets pas. Ne dites plus un mot, je n'écoute rien. Vous nous restez, c'est arrangé, c'est convenu, c'est promis. Belle dame, votre serviteur.

Il sort.

SCÈNE VII

MADAME DE LUCEMONT, seule.

Elle joint les mains sur ses yeux.

Qu'ai-je fait? que vais-je faire? Est-ce assez embarrassant? Vais-je me révolter? vais-je me laisser emmener? Il n'y a pas de terme moyen. Henri, je l'ai bien vu, tient à partir, et, quand il veut une chose, il la veut bien. Toutes mes prières ne le feront pas changer d'avis. Mais pourquoi n'ordonnerais-je pas un peu à mon tour? Cette manière de disposer de moi me déplaît souverainement. Jusqu'ici je l'ai laissé faire, mais on se lasse. Et puis on s'amuse tant chez Mme de Rousselin, on y est si bien comme chez soi; ces soirées, entremêlées de comédies, de charades, sont si intéressantes! J'aurais vraiment l'air de me retirer du monde, cette fois, et ce serait me mettre toute la société à dos, et pourquoi? pour aller voir un concours de charrues! (Elle lève les épaules.) Cela n'a pas le sens commun, et décidément je n'ai pas épousé un fermier. Ce qu'on me demande, d'ailleurs, est si facile. Il ne s'agit pas de jouer de la comédie, c'est-à-dire d'apprendre un rôle par cœur et de trembler de le rendre très mal. Ici rien de pareil; car figurer dans ce que mon oncle des Marais appelle des tableaux, c'est tout simplement revêtir de délicieux costumes. Comme ceux de l'an dernier étaient jolis! (Elle prend l'écharpe posée sur ses genoux et la roule machinalement entre ses mains.) Je vois encore Mme de Mellin en sultane, elle était ravissante. Tiens, cette petite écharpe ferait une joli coiffure. (Elle pose sur sa tête l'écharpe roulée, se lève et se regarde dans la glace placée au dessus de la cheminée. En riant.) Me voilà enrubannée, c'est très drôle. C'est dommage que mon oncle des Marais ne me voie pas ainsi. (D'un air pensif.) Quand je pense que je lui ai fait une demi-promesse! Aussi, tant pis pour Henri! N'est-il pas bien naturel que je trouve très ennuyeux d'aller à la campagne en cette saison? A vingt-deux ans, cela est bien permis. L'année dernière je me suis claquemurée par raison, par devoir, mais cet hiver je suis libre, et il est bien juste que je profite de ma liberté. Je vais tout simplement lui dire que je veux rester à Nantes; il se fâchera d'abord un peu, et puis, comme il n'aura pas le courage de partir seul, j'aurai gagné la partie. (Otant vivement son turban et se rasseyant.) Le voici; comme mon cœur bat à la seule idée de lui résister!

SCÈNE VIII

MADAME DE LUCEMONT, ROSE

MADAME DE LUCEMONT.

Pourquoi me dérangez-vous?

ROSE.

Madame, Robert crie.

MADAME DE LUCEMONT.

Est-ce que je vous ai dit de me déranger chaque fois que Robert crierait?

ROSE.

Madame m'a grondée l'autre jour, parce qu'elle

avait trouvé Robert criant dans son berceau, et que je ne l'en avais pas prévenue.

MADAME DE LUCEMONT.

Sa nourrice n'était pas là, sans doute.

ROSE.

Je demande bien pardon à madame, la nourrice était là.

MADAME DE LUCEMONT.

Enfin, savez-vous pourquoi il crie?

ROSE.

De faim, sans doute, car j'ai vu qu'on lui préparait sa bouillie.

MADAME DE LUCEMONT.

Eh bien, alors, qu'avez-vous besoin de me déranger?

ROSE.

Madame n'assistera donc pas à son dîner comme elle en a l'habitude?

MADAME DE LUCEMONT.

Mais non, mais non. Vous eussiez dû comprendre que je ne ferai pas dîner Robert, un jour de réception. Depuis quand va-t-on donner de la bouillie aux enfants en robe de moire? Vraiment, vous prenez plaisir à me déranger!

ROSE.

Si madame m'avait prévenue, je ne l'aurais pas dérangée, mais comme pas plus tard qu'hier, madame m'a dit...

MADAME DE LUCEMONT, l'interrompant.

Assez, vous êtes une raisonneuse, et vous savez que je déteste les raisonneuses.

ROSE.

Devrai-je prévenir madame, quand il faudra habiller Robert pour la promenade?

MADAME DE LUCEMONT.

Dieu! que vous êtes impatientante! Je vous l'ai dit, je ne puis quitter mon salon aujourd'hui, ne m'avez-vous pas encore comprise?

ROSE.

Mais, si l'on apportait Robert à madame?

MADAME DE LUCEMONT.

A quoi bon? il y a des gens qui ont horreur des petits enfants. Vous savez parfaitement que je ne produis Robert que devant mes intimes qui ne viendront pas aujourd'hui. Sa nourrice, pour une fois, peut bien lui passer son manteau et lui mettre sa capote. Dites-lui de choisir le manteau à capuchon, et qu'elle soit rentrée avant quatre heures au plus tard.

ROSE.

Je vais lui porter les ordres de madame.

Elle sort.

SCÈNE IX

MADAME DE LUCEMONT, seule.

Comme je me suis rendue esclave! Je ne puis même pas garder la liberté d'un après-midi. Je le vois clairement, je suis tombée dans l'exagération la plus ridicule! C'est ce qui a conduit Henri à l'exigence. Les hommes sont si égoïstes! si égoïstes, mon Dieu. Ils trouvent agréable d'avoir une femme enchaînée à leur foyer, une sorte de Cendrillon élégante qui garde toujours la maison.

Mon oncle des Marais a raison, Mme du Frédou a raison, je n'ai pas le sens commun. A force de m'être sacrifiée pour mon enfant, il faudra que je me sacrifie pour mon mari qui a ses distractions, son club, son cigare, son journal, son billard, sa chasse. Oh! cette chasse! cette passion! Quand je pense que, uniquement pour la satisfaire, il me fait renoncer au seul plaisir auquel je tiens! Sa mère, c'est un prétexte; la vraie raison, c'est la chasse. C'est odieux et je ne puis pousser la faiblesse jusqu'à le suivre; je ne le suivrai pas, je dirai que, moi aussi, j'ai besoin de distraction; je dirai que, moi aussi, je dois faire ma volonté, je dirai que la saison est trop rude pour Robert, je dirai que... c'est lui, quelle voix furieuse! qui gronde-t-il?

SCÈNE X

MADAME DE LUCEMONT,
MONSIEUR DE LUCEMONT, en costume de chasse: habit de velours, carnassière, guêtres, souliers ferrés.

MONSIEUR DE LUCEMONT, d'une voix irritée.

Je viens de rembarrer joliment ta femme de chambre. Étonné de la voir tranquillement assise à coudre, je lui ai demandé si tous les paquets étaient finis, et elle m'a presque ri au nez, en me répondant qu'elle n'avait reçu aucun ordre, et que sans doute madame n'avait pas l'intention d'aller s'enterrer à la campagne. L'impertinente! de quoi se mêle-t-elle? et comment peut-elle tirer son aiguille plutôt que d'aider à notre déménagement?

MADAME DE LUCEMONT.

Quant à cela, elle ne fait que suivre les ordres que je lui ai donnés.

MONSIEUR DE LUCEMONT.

Ah! c'est d'après tes ordres qu'elle agit? J'espère du moins que ce n'est pas d'après tes ordres qu'elle répond? Mais, au fait, te voilà aussi fort paisiblement assise dans ton salon, comme si nous ne partions pas dans trois heures.

MADAME DE LUCEMONT.

Franchement, Henri, je n'ai pas cru que ce voyage fût un projet sérieux et réalisable.

MONSIEUR DE LUCEMONT.

Mais il est au contraire très sérieux, très réalisable, et je te prie de secouer un peu tes gens qui ont aussi, eux, l'air de le trouver peu sérieux et peu réalisable.

MADAME DE LUCEMONT.

C'est que je n'ai point du tout envie de partir.

MONSIEUR DE LUCEMONT.

Ah çà! est-ce pour me contrarier que tu parles avec ce calme irritant, et que tu dis ces paroles étranges?

MADAME DE LUCEMONT.

Ce n'est point du tout mon intention.

MONSIEUR DE LUCEMONT, vivement.

Tu as pourtant une intention, et je te prie de me la dire.

MADAME DE LUCEMONT.

Vraiment, je ne demande pas mieux; j'ai l'intention de rester à Nantes.

MONSIEUR DE LUCEMONT.

Parbleu! cela se voit clairement. Mais enfin, Léonie, pourquoi tiens-tu tant à rester à Nantes?

MADAME DE LUCEMONT.

Mais enfin, Henri, pourquoi veux-tu à tout prix me faire partir pour la campagne?

MONSIEUR DE LUCEMONT.

J'ai mes raisons, tu le sais bien.

MADAME DE LUCEMONT.

Et moi, j'ai les miennes.

MONSIEUR DE LUCEMONT.

Dieu ! que tu es agaçante ! Voyons un peu ces belles raisons ?

MADAME DE LUCEMONT.

Ces belles raisons valent bien les tiennes.

MONSIEUR DE LUCEMONT.

Mais encore. Ah ! parbleu, j'y suis. J'ai vu sortir de chez toi mon oncle des Marais, ce vieil ennuyé, ce meuble moisi de salon, c'est lui qui t'a mis quelque folie en tête.

MADAME DE LUCEMONT, d'un air offensé.

Appelle-moi folle tout de suite et que tout soit dit.

MONSIEUR DE LUCEMONT.

Enfin que t'a-t-il conté ?

MADAME DE LUCEMONT.

Il m'a dit tout simplement que Mme de Rousselin commence à recevoir demain.

MONSIEUR DE LUCEMONT.

Eh bien ?

MADAME DE LUCEMONT.

Eh bien, je ne vois pas pourquoi je me priverais de ces fêtes-là.

MONSIEUR DE LUCEMONT, s'arrêtant devant elle.

Comment ! c'est pour cela que tu veux rester ?

MADAME DE LUCEMONT.

Uniquement pour cela.

MONSIEUR DE LUCEMONT.

Tu n'y as pas pensé, ma femme !

MADAME DE LUCEMONT, aigrement.

Pardon, et je trouve que ce qui reste à faire ici vaut bien ce que tu vas faire à la Roche-Suart.

MONSIEUR DE LUCEMONT.

Oh ! c'est trop fort ! (Il se remet à se promener avec agitation.) En vérité, je te croyais plus sensée, plus raisonnable. (Croisant les bras et la regardant.) Cela t'amuse donc bien de parader dans un salon ?

MADAME DE LUCEMONT.

Comme cela t'amuse de chausser des souliers ferrés, de t'emprisonner les jambes dans ces bottes qui sentent mauvais, de courir les champs après des perdrix que tu fais mourir (Avec un sourire moqueur :) de peur.

MONSIEUR DE LUCEMONT, se mordant les lèvres.

Prends garde, Léonie, prends garde, tu manies là une arme dangereuse, et je ne supporterai l'ironie de personne. Personne, même ma femme, ne se moquera de moi.

MADAME DE LUCEMONT, d'une voix radoucie.

Je ne pensais pas qu'une plaisanterie t'eût mis si fort en colère.

MONSIEUR DE LUCEMONT.

En colère, moi ! (Il rit nerveusement.) Je ne suis point

en colère, je suis calme, très calme ; mais je m'étonne, je m'étonne beaucoup qu'on mette dans la même balance un désir de ma mère, mes propres désirs et une sotte mascarade. Au reste, comme j'ai bien un peu le droit d'ordonner, je pense.

MALAME DE LUCEMONT hoche la tête et murmure.

Des ordres maintenant.

MONSIEUR DE LUCEMONT, avec fureur.

Oui, des ordres, et je te prie de faire sur-le-champ tes préparatifs, car nous partons ce soir.

MADAME DE LUCEMONT, en se redressant.

Nous, c'est beaucoup dire. Je ne t'empêche pas de partir ; mais moi, je reste.

MONSIEUR DE LUCEMONT, avec stupéfaction.

Léonie, tu resterais ?

MADAME DE LUCEMONT.

Oui.

MONSIEUR DE LUCEMONT.

Tu me laisserais partir seul ?

MADAME DE LUCEMONT.

Oui.

MONSIEUR DE LUCEMONT.

Tu n'assisterais pas à notre chère réunion de famille.

MADAME DE LUCEMONT.

J'y assisterai, si le temps me convient. Je n'exposerai certainement pas Robert.

MONSIEUR DE LUCEMONT, avec exaspération.

Ah! je vois ce que c'est, c'est un coup monté, et on cherchera des prétextes, même pour ne pas venir à cette réunion de famille qui fait le bonheur de ma mère. Mais cela ne se passera pas ainsi. Je ferai aussi, moi! acte d'autorité. Réfléchis. Je vais partir, mais non pas seul, car j'emmène Robert.

MADAME DE LUCEMONT, avec un cri.

Robert!

MONSIEUR DE LUCEMONT.

Oui, sa nourrice lui suffit.

MADAME DE LUCEMONT.

Henri, tu ne feras pas cela!

MONSIEUR DE LUCEMONT.

Je le ferai, je le jure.

MADAME DE LUCEMONT.

Tu me laisserais seule, toute seule à Nantes?

MONSIEUR DE LUCEMONT.

Oui.

MADAME DE LUCEMONT, dont la voix s'altère.

Tu aurais le courage de me séparer de mon fils?

MONSIEUR DE LUCEMONT.

Oui.

MADAME DE LUCEMONT, se levant d'un bond.

Oh! je t'en défie!

MONSIEUR DE LUCEMONT.

Ne me défie pas. Mon parti est irrévocablement

pris; j'emmène l'enfant. Ainsi, décide-toi, viens-tu? restes-tu? Cela m'est égal, à moi.

MADAME DE LUCEMONT, se rasseyant et d'une voix saccadée.

Je reste.

MONSIEUR DE LUCEMONT.

C'est bien, c'est bien, nous allons voir.

Il sort précipitamment.

SCÈNE XI

MADAME DE LUCEMONT, seule.

Elle appuie son coude sur le chiffonnier et son front sur sa main.

Mon Dieu! quelle scène! la première! je m'en sens toute bouleversée. On m'avait bien dit qu'il était violent, emporté; mais aussi, comme je l'ai poussé à bout, comme j'ai été moqueuse! Nous voilà fâchés, bien fâchés. Ah! pourquoi est-on venu me mettre devant les yeux ces tableaux de fêtes, de succès, de vanités? Allons! vais-je maintenant accuser des innocents pour m'épargner moi-même! En définitive, dans le monde on voit, on entend, et chacun agit d'après sa propre volonté. Mon oncle et Mme du Frédou ont été des occasions, voilà tout. Ce qu'on m'a tant dit est donc vrai; il y a donc dans la vie la plus facile et la plus heureuse des moments de lutte, des heures de combat? Comme je me suis honteusement tirée de cette première épreuve! Il n'y avait pourtant pas d'équivoque possible, tout se présentait nettement : d'un côté le devoir, de l'autre le plaisir; les jouissances sérieuses de la vie intime, les séductions de la vanité. Et, entraînée par je ne sais quelle fumée d'orgueil qui a brouillé toutes mes idées, je n'ai pas même hésité. J'aurais dû m'oublier, me sacrifier. Je n'en ai pas même eu la pensée. Que de fois pourtant j'ai prononcé fièrement ce mot austère de sacrifice, avec quelle assurance je répétais, pour l'avoir entendu dire, que la vie en est faite ! Et au premier qui s'offre, je recule; et quel sacrifice ! Un triomphe d'amour-propre aussi vain que contesté. Oh ! que nous sommes lâches ! N'ai-je pas souvent maudit ces devoirs de société qui m'arrachaient d'auprès de mon enfant? n'ai-je pas souvent désiré me trouver seul avec Henri et Marthe, loin des importuns, et pensé que la campagne était le paradis des mères de famille ? Aujourd'hui même, c'est avec une sorte de répugnance que j'ai donné l'ordre de recevoir. Et pourtant c'est ce qui aurait dû être vite accepté qui me fâche tant contre Henri. J'ai été trop loin d'ailleurs, beaucoup trop loin. Il faut bien que cela soit pour qu'il ait pu me menacer d'emmener Robert. Ce n'est qu'une vaine menace, pas autre chose; il a voulu simplement me faire peur, et pourtant j'en ai frémi jusqu'au cœur.

Rose entre.

SCÈNE XII

MADAME DE LUCEMONT, ROSE.

MADAME DE LUCEMONT.

Que me voulez-vous, Rose ?

ROSE, d'un air pincé.

Monsieur m'envoie chercher la clef de la commode de palissandre.

MADAME DE LUCEMONT, la prenant machinalement dans sa poche.

La voilà.

ROSE.

Il paraît que monsieur emporte toute sa garde-robe ; il y a une malle énorme contre la commode.

MADAME DE LUCEMONT.

Où est monsieur de Lucemont ?

ROSE.

Dans le vestibule, qui est encombré d'objets.

MADAME DE LUCEMONT, à part.

Il partira, c'est sûr. (A Rose.) Sa malle n'est pas encore faite ?

ROSE.

Non, il s'est d'abord occupé de celle du petit.

MADAME DE LUCEMONT.

Comment ?

ROSE.

Je dis que monsieur a jeté dans une malle, lui-même, et Dieu sait comment, tous les jolis vêtements de M. Robert.

MADAME DE LUCEMONT.

Ah ! mon Dieu !

ROSE.

Et qu'il a fait descendre son berceau tout garni, comme il est. Les rideaux de mousseline brodée vont être bien arrangés. Mais voici monsieur qui vient lui-même chercher sa clef. Que va-t-il me dire !

<small>Elle place la clef sur le chiffonnier et sort en courant par une porte. M. de Lucemont entre par l'autre.</small>

SCÈNE XIII

MADAME DE LUCEMONT, MONSIEUR DE LUCEMONT.

MONSIEUR DE LUCEMONT.

Il faut donc une heure pour chercher une clef maintenant ?

MADAME DE LUCEMONT, doucement.

C'est la clef que tu viens chercher ?

MONSIEUR DE LUCEMONT, sans la regarder.

Oui, c'est la clef.

MADAME DE LUCEMONT.

La voici. (Elle la lui tend, il la saisit, elle la retient.) Est-ce que je te fais horreur, Henri? Regarde-moi. (Il la regarde fixement, et les sourcils froncés.) Ne me fais pas ces yeux effrayants, ou je n'aurais jamais le courage de t'adresser une prière.

MONSIEUR DE LUCEMONT.

Ce n'est plus un ordre?

MADAME DE LUCEMONT.

Non, c'est une prière. Je te demande de retarder ton départ de deux heures, de prendre le train de sept heures au lieu de celui de cinq heures.

MONSIEUR DE LUCEMONT.

Pourquoi?

MADAME DE LUCEMONT.

Je te le dirai quand j'aurai écrit à mon oncle des Marais. Je ne te demande que cinq minutes.

Il fait un geste brusque d'assentiment et va s'asseoir à l'autre bout du théâtre. Mme de Lucemont ouvre le pupitre placé auprès d'elle et se met à écrire.

MONSIEUR DE LUCEMONT, tourné vers elle et la regardant.

(A part, à demi-voix.) Que signifie ce nouveau caprice? que lui dit-elle? Est-ce une ruse pour me retenir? Espère-t-elle encore m'empêcher de partir? Fait-elle cela pour gagner du temps? Mais non, mais non, sa physionomie n'a plus l'expression impérieuse et ironique qui m'a tellement froissé tout à l'heure. (Il baisse la tête.) Avait-elle vraiment tort, n'ai-je pas été emporté, brutal? (Il la regarde encore.) N'était-il pas bien simple qu'elle résistât à mon projet de départ?

J'aurais dû la consulter avant d'arrêter tout cela, tenir compte de ses répugnances. Car enfin l'emmener à la Roche-Suart pendant qu'on s'amuse à Nantes, c'est dur, c'est égoïste. Elle ne s'est jamais montrée déraisonnable, et pourtant elle n'a que vingt-deux ans, et... elle est charmante. Décidément, j'ai été d'une grossièreté, d'un égoïsme inqualifiables.

MADAME DE LUCEMONT, se levant.

Veux-tu faire porter ce billet chez mon oncle des Marais ?

MONSIEUR DE LUCEMONT, avec empressement.

Oui. (Il le prend, la regarde.) Tu permets, Léonie ?

MADAME DE LUCEMONT.

Comme toujours.

MONSIEUR DE LUCEMONT ouvre le billet, et lit à demi-voix.

« Vous n'étiez pas sorti, mon cher oncle, que je regrettais très vivement la demi-promesse que vos aimables instances m'avaient arrachée. Henri n'exigerait pas que je l'accompagnasse à la Roche-Suart que je le ferais certainement. Ainsi donc, ne comptez pas sur moi. Plaisanterie à part, vous avez tant à choisir parmi ces dames, que je ne sais si je dois beaucoup m'excuser de vous échapper ainsi. Agréez mes regrets et mes meilleurs sentiments ; votre nièce affectionnée, — LÉONIE DE LUCEMONT. »

MADAME DE LUCEMONT.

Eh bien, Henri, mon épître te convient-elle, et m'accordes-tu de ne partir que par le train de sept heures ? Grâce à notre sotte querelle, nous n'avons pas une minute à perdre.

MONSIEUR DE LUCEMONT, déchirant la lettre.

Voilà ma réponse ; qu'il ne soit plus question de ce départ.

MADAME DE LUCEMONT.

Mais, mon ami, je ne...

MONSIEUR DE LUCEMONT.

Mais, ma femme, tu me permettras de reconnaître mes torts et de les réparer, puisqu'il en est temps ; j'ai été d'une vivacité et d'une exigence absurdes.

MADAME DE LUCEMONT.

Du tout, c'est moi.

MONSIEUR DE LUCEMONT.

Allons donc !

MADAME DE LUCEMONT.

Mais c'est la vérité. Il est tout simple que ta mère saisisse l'occasion de voir le plus tôt possible un petit-fils qu'elle ne connaît pas encore, il est tout simple que j'aille tenir compagnie à Marthe ; il est tout simple que cela te fasse plaisir de te trouver à la Roche-Suart lors des grandes chasses qu'on t'annonce.

MONSIEUR DE LUCEMONT, qui a voulu l'interrompre plusieurs fois.

Et est-il tout simple aussi que je te sèvre de tout plaisir, de toute distraction ? que, pour ma propre satisfaction, je te fasse manquer des réunions charmantes dont, par devoir, tu t'es volontairement privée tout l'hiver dernier?

MADAME DE LUCEMONT.

Puisque j'en fais le sacrifice.

MONSIEUR DE LUCEMONT.

C'est possible, mais je ne l'accepterai pas, et nous resterons à Nantes.

MADAME DE LUCEMONT.

Nous partirons, on nous attend à la Roche-Suart.

MONSIEUR DE LUCEMONT.

Nous resterons, te dis-je. Je vais écrire à ma mère.
Il va pour sortir, elle court après lui et l'arrête par un pan de sa redingote.

MADAME DE LUCEMONT.

Henri, je t'en prie.

MONSIEUR DE LUCEMONT.

Non, laisse-moi.

MADAME DE LUCEMONT.

Ah! ceci est un peu fort! Me faire rester m'ennuyer malgré moi, maintenant. Écoute-moi donc un peu : j'ai réfléchi depuis cette promesse si inconsidérément donnée. Un mois passé dans l'intimité de Marthe vaut, à mes yeux, toutes les réunions du monde.

MONSIEUR DE LUCEMONT.

Tu dis cela par abnégation.

MADAME DE LUCEMONT.

Non, non.

MONSIEUR DE LUCEMONT.

Tu veux me vaincre en générosité, mais je ne me laisserai pas faire.

MADAME DE LUCEMONT.

C'est pourtant la femme qui doit toujours céder.

MONSIEUR DE LUCEMONT.

Eh bien ! ce sera pour une autre fois.

MADAME DE LUCEMONT.

Mon Dieu ! es-tu entêté !

MONSIEUR DE LUCEMONT.

Comme un Breton que je suis.

MADAME DE LUCEMONT.

Mais je suis Bretonne aussi, et je veux partir.

MONSIEUR DE LUCEMONT.

Et moi je veux rester.

MADAME DE LUCEMONT.

Il est donc dit qu'aujourd'hui nous ne pourrons nous entendre. Au moins, laisse-moi l'ombre d'une chance.

MONSIEUR DE LUCEMONT.

Que veux-tu dire ?

MADAME DE LUCEMONT.

Je demande que le sort décide entre nous.

MONSIEUR DE LUCEMONT.

Tu le veux absolument ?

MADAME DE LUCEMONT.

Je le veux.

MONSIEUR DE LUCEMONT.

Soit, j'y consens; mais de quelle façon ferons-nous intervenir le hasard dans la question?

MADAME DE LUCEMONT.

Je ne sais qu'un moyen.

MONSIEUR DE LUCEMONT.

Lequel?

MADAME DE LUCEMONT.

La courte paille. (Regardant autour d'elle.) Mais je ne vois pas l'ombre d'une paille. (Portant vivement la main à son bandeau.) Si nous tirions au plus court cheveu?

MONSIEUR DE LUCEMONT, lui baissant le bras.

Je m'y oppose, et la chose d'ailleurs est impossible; il faudrait un microscope pour juger du coup; pris séparément, tes cheveux sont invisibles.

MADAME DE LUCEMONT.

Le compliment est joli, mais il ne nous tire pas d'embarras. Ah! j'y suis, il y a un moyen plus simple encore que la courte paille, et qu'on a toujours à sa disposition, le doigt mouillé. C'est un souvenir d'enfance.

MONSIEUR DE LUCEMONT, riant.

Va pour le doigt mouillé!

MADAME DE LUCEMONT.

Tu n'as pas oublié le jeu?

MONSIEUR DE LUCEMONT.

Comment donc! Il y a cinq ans, ce doigt mouillé là m'annonça un grand bonheur.

MADAME DE LUCEMONT.

Lequel? Je mouille tous mes doigts, moins un. Est-ce cela?

MONSIEUR DE LUCEMONT, lui arrêtant la main qu'elle porte sur ses lèvres.

Écoute d'abord ma réponse.

MADAME DE LUCEMONT.

Quelle réponse?

MONSIEUR DE LUCEMONT.

Ne viens-tu pas de me demander de quel bonheur je voulais parler?

MADAME DE LUCEMONT.

Si ; mais ne sois pas trop long.

MONSIEUR DE LUCEMONT.

Sois tranquille, j'abrégerai. Je venais d'arriver chez ton père. Nous étions là plusieurs jeunes gens, tes cousins plus ou moins éloignés.

MADAME DE LUCEMONT.

Très éloignés. Où veux-tu en venir?

MONSIEUR DE LUCEMONT.

Tu vas voir.

MADAME DE LUCEMONT.

Tu traînes ton récit; je crois qu'on ne mouille qu'un doigt, et tu sais que si tu prends celui-là, tu auras perdu.

MONSIEUR DE LUCEMONT.

Dans la circonstance dont je te parle, j'avais gagné.

Allons, un peu de patience, je ne demande qu'une minute.

MADAME DE LUCEMONT.

Au fait alors.

MONSIEUR DE LUCEMONT.

Donc, nous étions tous réunis, et tous plus ou moins désireux de te plaire. Un jour, après dîner, mon oncle des Marais, qui se retrouve partout, s'écria : « Je parie, messieurs, que tôt ou tard un de vous deviendra l'heureux époux de la belle Léonie? »

MADAME DE LUCEMONT.

Quelle idée !

MONSIEUR DE LUCEMONT.

Une idée qui était très implantée dans chacune de nos cervelles, je te prie de le croire.

MADAME DE LUCEMONT.

Après ?

MONSIEUR DE LUCEMONT.

Ah ! ah ! cela t'intéresse ?

MADAME DE LUCEMONT.

J'ai surtout envie de savoir la fin.

MONSIEUR DE LUCEMONT.

La voici : il fut décidé qu'on te tirerait au doigt mouillé.

MADAME DE LUCEMONT.

Voyez donc quels respectueux cousins j'avais-là.

MONSIEUR DE LUCEMONT.

C'est toi qui m'interromps, je te prie de le remarquer.

MADAME DE LUCEMONT.

Je suis muette.

MONSIEUR DE LUCEMONT.

Mon oncle des Marais prêta ses longues mains, et le vainqueur, ce fut moi.

MADAME DE LUCEMONT.

Toi? ah! par exemple, c'est très drôle.

MONSIEUR DE LUCEMONT.

N'est-ce pas? Ce que c'est que d'être jeune! Cette réponse du doigt mouillé m'inonda le cœur d'espérance; toute la journée je fus d'une gaieté folle, et le soir j'osai t'offrir, en rougissant, et le plus mystérieusement possible, une pensée. J'étais assez timide, et cela te surprit beaucoup. Je te vois encore d'ici, avec ton petit air étonné. Tu avais une robe blanche, semée de petites fleurs ressemblant à des myosotis, et un étroit ruban bleu passé contre ta résille blonde.

MADAME DE LUCEMONT.

Mon Dieu! Henri, quelle excellente mémoire!

MONSIEUR DE LUCEMONT.

Celle du cœur, ma femme. Le lendemain je partais, et je crus remarquer dans l'adieu que tu m'adressas quelque chose de plus affectueux qu'à l'ordinaire, une expression toute particulière, je ne sais quoi d'ému, de...

LE DOIGT MOUILLÉ.

MADAME DE LUCEMONT l'interrompant.

Assez, assez. Tu veux m'attendrir, me corrompre avec ces vieilles histoires; mais je serai inflexible à mon tour. A l'épreuve, maintenant, et attention. Je te le répète, si tu prends le doigt mouillé tu as perdu.

MONSIEUR DE LUCEMONT.

Mais je te l'ai dit, cette fois-là, c'était gagné.

MADAME DE LUCEMONT.

Tu veux m'embrouiller, mais tu n'y réussiras pas. Si tu prends le doigt mouillé, nous partons, c'est-à-dire j'ai gagné.

MONSIEUR DE LUCEMONT.

Allons, j'y consens.

Elle se détourne, se retourne et lui tend la main. Il se courbe pour la regarder en dessous. Elle la retire.

MADAME DE LUCEMONT.

Tu triches, Henri, c'est très mal. (Elle la lui retend. Il regarde. Elle la retire de nouveau.) Encore de la déloyauté, tu perdras.

MONSIEUR DE LUCEMONT.

Eh bien, pour en finir, je vais cette fois les yeux fermés. (Il ferme les yeux et lui saisit un doigt. La jeune femme regarde, lève la main en l'air par un geste de triomphe, et s'écrie :) Nous partons !

PAÏENNE ET CHRÉTIENNE

UN ACTE

PERSONNAGES

Mme RINOL.
Mme DELBAN.
MARIETTE.

La scène représente un salon élégamment meublé; Mme Rinol est assise et regarde en baillant les peintures d'un éventail. On entend un fort coup de sonnette.

ACTE PREMIER

SCÈNE PREMIÈRE

MADAME RINOL, MARIETTE.

MADAME RINOL, en tressaillant.

Qui sonne ainsi? La main me paraît vigoureuse.
Ce mal-venu sait-il qu'une femme nerveuse,
Qui supporte parfois tapages et fracas,
Déteste tous ces bruits qui ne l'amusent pas
Et que, dans sa maison, une mouche qui vole,
Une porte qui s'ouvre, une simple parole
Mettent ses nerfs en jeu, sa bile en mouvement,
Ébranlent ses... encor, c'est de l'acharnement.

S'adressant à une femme de chambre qui ouvre la porte.

Mariette, allez voir. Si c'est ma couturière,
Je suis malade ou bien une très grosse affaire
Que je ne puis remettre occupe tout mon temps.
Vous pouvez lui glisser que je dois au printemps
Payer mes fournisseurs.

Mariette disparaît.

MADAME RINOL.

Cette femme ennuyeuse,

Si facile autrefois, si révérencieuse
Prend des airs et des tons qui me font enrager,
Levant les yeux au plafond.
Que n'ai-je mille écus pour la pouvoir changer!
A Mariette qui r'ouvre la porte.
Eh bien ?

MARIETTE, de la porte.

C'est une dame assez pauvre de mine,
Grave comme une nonne et qui vous examine
Du haut en bas.

MADAME RINOL.

Assez, on vous fait un renom
D'insolence et je vois qu'il vous convient. Son nom?

MARIETTE, cherchant à se rappeler.
Madame Ban... Delban.

MADAME RINOL.

Ah ! c'est une parente
Vertueuse à coup sûr; mais non point amusante.
Enfin faites entrer, je suis folle d'ennui,
Je recevrais Satan en personne aujourd'hui.

SCÈNE II

LA MÊME, MADAME DELBAN.

MADAME DELBAN.
Madame, j'ai l'honneur...

MADAME RINOL, lui tendant la main.
    Bonjour, chère madame.
C'est d'un cœur excellent et d'une aimable femme
De venir sans façon me trouver ce matin,
Et de me découvrir dans ma cité d'Antin.
    Elle montre du geste un fauteuil et s'asseyant.
Eh ! que devenez-vous au bord des lacs limpides ?
                          A part.
Dieu ! quel air campagnard et déjà que de rides !
Vous ne vieillissez point.
    MADAME DELBAN.
        Je vieillis tous les jours.
    MADAME RINOL, souriant.
Toujours franche, ma chère, un peu brusque toujours.
    MADAME DELBAN.
Oui, je n'ai pas changé d'humeur de caractère ;
C'est sans doute un effet de notre vie austère,
On reste dans le moule où Dieu nous a jetés.
    MADAME RINOL.
On garde sa fraîcheur et ses sincérités.
    MADAME DELBAN.
Ah ! vous flattez toujours, ô femme trop aimable,
Mais on sait ce que vaut ce jargon adorable,
Moins que la vérité. Notre vie, entre nous,
N'a plus rien de commun.
    MADAME RINOL.
        Il me serait bien doux
De connaître la vôtre en ses détails intimes.

Vous avez, je le sais, des principes sublimes,
Et le plaisir, notre hôte en toutes les saisons,
Ne hante pas longtemps vos cœurs et vos maisons.

MADAME DELBAN.

Qu'en savez-vous, madame?

MADAME RINOL.

Oh! rien, mais je suppose.

MADAME DELBAN.

A Paris, je le sais, tout est couleur de rose.
Mais le fond...

MADAME RINOL.

Oui, le fond est bien sombre parfois.
Ne mettez pas ainsi ma patience aux abois,
Comparons.

MADAME DELBAN.

Volontiers, vous, parlez la première!

MADAME RINOL.

Non, veuillez commencer, je suis chez moi, ma chère.

MADAME DELBAN.

Eh bien! daignez me suivre en mon petit château.

MADAME RINOL.

M'y voici.

MADAME DELBAN.

Quoi, déjà!

MADAME RINOL.

Oui, levez le rideau.

MADAME DELBAN.

Sitôt que le soleil sur ma grande croisée,
Projette un rayon d'or, alerte et reposée,
Je glisse, en écoutant mes enfants respirer,
Entre tous ces berceaux que je crains d'effleurer.
Je voudrais contempler dormant paupières closes
Ces chérubins aimés et baiser leurs fronts roses.
Mais je pense à Celui de qui tout bien descend,
La rosée au sillon et le souffle à l'enfant.
De ce jour qui commence il aime les prémices,
Je dois faire monter l'encens des sacrifices.
Au chevet de mon lit, il est un saint faisceau
Qui n'est point, je le veux, artistique ni beau,
Mais qui me met toujours des pleurs sous la paupière :
Ce grand Christ enfumé, c'est celui de mon père,
Son beau front de penseur s'inclinait devant lui;
Je m'agenouille seule à ses pieds aujourd'hui;
Cette vasque d'albâtre, où l'eau sainte s'agite,
Émeut aussi mon cœur, car elle ressuscite
Le souvenir aimé de l'enfant fort et doux,
Qui fut le camarade avant d'être l'époux.
Un jour il l'apporta, me disant : tiens, regarde
Le joli bénitier, trop beau pour ma mansarde;
Je casse tout, prends-le. Jamais il n'a quitté
Ce lambris, mais suivons mon récit arrêté.
Je priais. Le matin l'âme a vraiment des ailes
Pour aller s'abreuver aux sources éternelles
Et dans ce tête-à-tête avec son Créateur,
Elle puise la paix, la force et la douceur.

Ce devoir accompli, cette journée offerte
Avec ses imprévus et son gain et sa perte
Je passe à ma toilette, une affaire d'État,
Et reparais bientôt préparée au combat,
Au combat journalier sans repos et sans trêve.
Chaque heure a son devoir qui devant moi se lève :
Enfants et serviteurs maintenant tour à tour
Vont s'arracher mon temps, mes soins et mon amour:
« Maman, on vous attend ; » « Madame, on vous deman(d
« Mon thème est achevé ; » « Les bœufs sont dans la lan(
Je suis pour notre bourg un double médecin,
L'apôtre, le docteur, le frère ignorantin.
Tantôt dans l'écritoire ou dans la galantine,
Du paradis de l'art je cours à ma cuisine,
Du Père Lacordaire à Brillat-Savarin,
Quand je dois sur-le-champ recevoir un voisin,
Qui tombe de la nue avant de crier gare.
Notre hospitalité n'est point encore avare,
Encore moins luxueuse : on a bon appétit,
Très bon visage d'hôte, et cela nous suffit.
Aussi pour nos amis notre table est ouverte,
Car de mets très coûteux elle n'est point couverte.
Nous arrivons au soir et j'abuse vraiment
De votre attention. Protestez poliment,
Madame, mon récit vous paraît monotone.
Le soir, le plus souvent, nous ne voyons personne;
L'été sous les tilleuls, l'hiver au coin du feu,
La conversation, la lecture et le jeu
Nous font tout doucement arriver jusqu'à l'heure

Où tout doit reposer dans la vieille demeure.
Quel moment désiré ! Vous avez bien compris
Qu'après un pareil jour le repos a son prix.
Être d'une maison la cheville ouvrière,
Être une faible lampe et donner la lumière,
Planter, semer, sarcler dans ma double moisson,
Obtenir que dix voix vibrent à l'unisson,
Voir tout sans regarder, deviner sans apprendre,
Être forte, être calme, être ferme, être tendre,
Et porter dans mes bras pendant douze longs mois
Ces âmes et ces cœurs et ces corps à la fois !

MADAME RINOL.

Cette vie est vraiment honorable (A part.) assommante.
Mais du moins, je le sais, sur cette eau si dormante,
Les naufrages, madame, sont rares, Dieu merci !

MADAME DELBAN.

Oui, de notre beauté nous n'avons nul souci ;
Elle vit au hasard, sans soins et sans culture,
Et notre âme a le pas même sur la figure.
Nous écartons aussi ces manèges coquets,
Qui sont la glu placée au fond de ces filets,
Où vous prenez les cœurs.

MADAME RINOL.

     Très bien ! mais on peut dire
Que la vie est alors simplement un martyre.

MADAME DELBAN.

C'est la lutte acharnée et les combats constants.

MADAME RINOL.

Mais l'ennui ! Je le vois parmi les combattants.

MADAME DELBAN.

Pendant les jours brumeux et tristes de décembre,
Il se glisse parfois jusqu'au seuil de ma chambre.

MADAME RINOL.

Le franchit-il ?

MADAME DELBAN

Jamais.

MADAME RINOL.

Comment le chassez-vous ?

MADAME DELBAN.

Je travaille et je prie, et puis sur mes genoux
Je prends un blond enfant ; mais j'ai parlé, madame,
Et j'attends vos aveux.

MADAME RINOL.

O vertueuse femme,
Le soleil jusqu'à moi ne lance pas ses feux,
Car ma persienne est close et le jour est douteux.
Je ne puis me vanter de voir lever l'aurore,
Alors que vous vivez, moi je suis morte encore.
Donc, je me lève tard. Ce n'est pas sans raison ;
Je suis très délicate, et tout dans la maison
Marche fort bien sans moi ; les enfants ont leur bonne;
J'ai pour femme de chambre une honnête personne
Qui se charge en mon nom des soins fastidieux,
Qu'une femme, entre nous, doit trouver ennuyeux.
Je puis me dorloter et soigner ma toilette;

Préparer ma journée et je suis satisfaite
Quant à midi sonnant je puis faire atteler,
Pour aller au dehors, prendre l'air et flâner.
Dans nos bons magasins, j'aime à faire une halte.
Qu'on médise de nous ou bien qu'on nous exalte,
On rend cette justice aux femmes de Paris
Qu'elles savent de tout la valeur et le prix,
Et l'on ne doit jamais juger notre dépense
Sur notre bonne mine ou sur notre élégance.
De la mode, il est vrai, nous subissons les lois,
Mais nous savons si bien trouver les bons endroits !
Mes achats faits, je rentre et vite je me pare ;
Mes instants sont comptés et j'en suis très avare.
Nous allons visiter les hommes influents,
Voir ici des amis et là-bas des parents,
Et du noble faubourg courir à la Bastille,
Car le monde élégant dans Paris s'éparpille.
Quand nous rentrons le soir nous sommes déjà las,
Et bientôt il nous faut recommencer, hélas !
De ce jour la nuit vient prolonger la durée.
Pendant notre dîner s'arrange la soirée,
Le théâtre est parfois détrôné par le bal,
Qu'importe ? c'est le chiffre achevant le total.

MADAME DELBAN.

De votre addition vous paraissez contente.

MADAME RINOL.

Le jour s'est écoulé, faut-il qu'on se lamente ?

MADAME DELBAN.

Mais de quel poids ce jour pèsera-t-il là-haut ?

MADAME RINOL.

Ce jour a disparu, c'est tout ce qu'il me faut.

MADAME DELBAN.

Ainsi sans le souci de former un bagage,
De la terre à l'Éden vous faites le voyage,
Et la mort vous surprend.

MADAME RINOL.

La mort!

MADAME DELBAN.

Quel air surpris!
La mode de mourir passe-t-elle à Paris?

MADAME RINOL.

Mon Dieu, non; mais enfin les images poignantes,
Les souvenirs de deuil et les scènes navrantes
Ne sont point évoqués parmi nous tous les jours.
En les mettant dans l'ombre on croit vivre toujours.

MADAME DELBAN.

Oui; mais l'illusion pourrait être fatale.

MADAME RINOL.

De grâce, laissons là toute votre morale;
C'est Dieu même qui met au fond de notre cœur
L'impérieux besoin d'aspirer au bonheur.

MADAME DELBAN.

Au bonheur!

MADAME RINOL.

Est-ce un mot nouveau pour vous, madame?

MADAME DELBAN.

Le mot, non ; mais la chose.

MADAME RINOL.

Ah ! sans doute on proclame
Que c'est un feu follet qui s'éteint sous les doigts.
C'est là votre pensée et maintenant je vois
Que personnellement, pour devenir heureuse
Vous attendez le ciel ; je suis moins vaporeuse,
Et je cherche un bonheur un peu plus près d'ici.

Elle se frappe le front.

J'en ai là l'idéal.

MADAME DELBAN.

Quel est-il ?

MADAME RINOL.

Le voici.

Relevant vivement la tête.

Avoir vingt ans ! Sentir à flots couler la sève !
Avoir le cœur léger et vivre comme en rêve !
Voir rayonner au loin l'horizon de ses jours !

MADAME DELBAN.

C'est charmant ! mais, hélas ! a-t-on vingt ans toujours ?

MADAME RINOL.

Porter une couronne ! être belle, être reine !
Enivrer les regards, entourer d'une chaîne
Tous les cœurs ; inspirer de profondes amours !

MADAME DELBAN.

C'est charmant ! mais, hélas ! est-on belle toujours ?

MADAME RINOL.

Être riche ! et donner le bonheur et la joie,
Semer l'or, qui renaît dans les mailles de soie,
Habiter un palais, se vêtir de velours !

MADAME DELBAN.

C'est charmant ! mais, hélas ! est-on riche toujours?

MADAME RINOL.

Enfin aimer, sans frein, sans mesure et sans trève,
S'emparer d'un bonheur, en prolonger le rêve,
Le livrer au torrent, libre dans son parcours !

MADAME DELBAN.

C'est charmant ! mais, hélas ! est-on libre toujours?

MADAME RINOL.

Madame, quels pavés ! vous meurtrissez mon aile !

MADAME DELBAN.

Oui, mais un grain de plomb jeté dans la cervelle,
Empêche de gagner les sommets dangereux.

MADAME RINOL.

Peut-être et vous savez être sage pour deux.
Permettez cependant, Madame, la province
Est-elle sans défaut ? La bouche qui se pince
Pour mieux lancer le trait, le cœur gonflé de fiel
Et les soupçons jaloux sont-ils dignes du ciel?

MADAME DELBAN.

Non, le ciel n'en veut pas; chassez cette hérésie.
La sotte ambition, la triste jalousie
Et ces défauts sournois qui causent du dégoût

Sont des plantes, ma sœur, qui fleurissent partout,
La province n'en eut jamais le monopole.

MADAME RINOL.

Cependant à son front vous mettez l'auréole,
Et tous vous déversez sur le pauvre Paris
Des flots, des océans de haine et de mépris.

MADAME DELBAN.

D'un tel aveuglement me croyez-vous capable?

MADAME RINOL.

Je sais que parmi nous tout vous paraît coupable.

MADAME DELBAN.

Tout?

MADAME RINOL.

Oui, tout.

MADAME DELBAN.

En ceci vous me tenez rigueur.
Je blâme les excès et n'ai point dans le cœur
De ces préventions que souvent l'on nous prête.
Si la frivolité, le luxe et la toilette
Sont souvent à Paris la vie et le bonheur,
Combien d'exceptions!

MADAME RINOL.

Vous l'avez dit, ma sœur;
La raison se rencontre en notre folle ville;
Pas chez moi, mais enfin j'en pourrais citer mille
Qui marchent d'un pas fier en un pierreux chemin
Sans pour cela porter un teint de parchemin,

Sans froncer le sourcil, sans faire la grimace.
Pour loger la vertu, faut-il chasser la grâce
Et dénigrer l'esprit ?

MADAME DELBAN.

    Nous ne dénigrons rien,
Cette arme est émoussée et ce reproche ancien.
La vertu peut rester aussi simple qu'aimable.
En province, à Paris, pour être véritable,
Elle doit revêtir un aspect gracieux.

MADAME RINOL.

Ciel ! si l'on entendait, si tous les ennuyeux,
Qui la masquent afin de la rendre maussade,
Apparaissaient ici pendant cette tirade,
Ah ! vous reculeriez.

MADAME DELBAN.

   Jamais.

MADAME RINOL.

     Vous auriez peur.

MADAME DELBAN.

Non.

MADAME RINOL.

 Moi, je tremblerais.

MADAME DELBAN.

     Vous plaisantez, ma sœur.
Nous avons nos travers, je ne viens pas défendre
La femme dont la foi n'est jamais, à tout prendre,
Qu'un manteau bien porté cachant son dénûment,
Celle qui dans sa vie échappe au dévoûment

Et qui porte à l'autel le venin de son âme.
Mais, auprès de ce type, il est une autre femme
Dont l'esprit et le cœur noblement occupés
Dans d'éclatants haillons ne restent pas drapés.
Sur son cou délicat pèsent toujours des chaînes ;
Elle répand son or ou le sang de ses veines,
Et forme dans le temps, pour la vie à venir,
Un bagage sacré qu'on ne peut lui ravir.
Dans son âme jamais ne se creusent des vides ;
En riant, sur son front elle compte les rides,
Elle voit sans effroi se faner sa beauté,
Cette vie est d'un jour et pour l'éternité
De son être immortel elle fait la parure,
C'est une noble tâche.

MADAME RINOL, pensivement.
Elle me paraît dure.

MADAME DELBAN.
C'est l'histoire du fruit délicat, savoureux,
Dont il faut écarter le vêtement rugueux.

MADAME RINOL.
Et que savourez-vous, madame ?

MADAME DELBAN.
L'espérance.

MADAME RINOL.
Ah ! toujours vos lointains !

MADAME DELBAN.
La triste expérience
Prouve que ces lointains nous touchent de bien près,

Sur les fronts de vingt ans la rose et le cyprès
Plus d'une fois hélas ! ont mêlé leur feuillage.
Pauvre sœur, vous changez encore de visage,
Éloignons ces sujets...

MADAME RINOL.

Non, non, parlez encor;
Votre foi me surprend et si de ce trésor,
La conquête n'était, hélas ! si difficile,
Je voudrais...

MADAME DELBAN.

Achevez, tout vous serait facile.

MADAME RINOL.

Facile de prier !

MADAME DELBAN.

On se met à genoux.

MADAME RINOL.

Facile d'expier !

MADAME DELBAN.

On devient humble et doux.
Et chaque jour on fait un pas dans cette voie,
Où marchent de concert et la paix et la joie.

MADAME RINOL.

Ah ! la paix ! Elle n'a chez nous ni feu ni lieu.

MADAME DELBAN.

Parce que l'âme y meurt n'y trouvant pas son Dieu
Votre âme a ses élans, ses devoirs et sa vie ;
Vous l'étouffez, ma sœur, un beau jour elle crie
Et s'agite au dedans. Pour assouvir sa faim,

Vous la traînez aux eaux, au bal, et puis enfin
Vous la faites languir et périr de faiblesse !
Ce n'est point un sermon qu'ici je vous adresse.
C'est une vérité que je jette en passant
Sur un esprit distrait, sur un cœur languissant.
  En se levant.
Suivrez-vous mes conseils ?

MADAME RINOL.

     Qui sait ? je vous invite
A me favoriser plus tard d'une visite,
Puisque vous prétendez posséder le secret
D'avoir l'âme paisible et le cœur sans regret.
J'ai mes moments d'ennui, mes heures sérieuses.
J'ai beau fermer les yeux, les choses douloureuses
Me font broyer du noir.

MADAME DELBAN.

     Qui n'en voit ici-bas !

MADAME RINOL.

Vous souffrez donc aussi ?

MADAME DELBAN.

     Oui, je ne prétends pas
Écarter de mon toit la mort et la souffrance ;
Mais nous voyons la mort à travers l'espérance.
Par delà ce mur sombre et ces portes d'airain
S'ouvre un bel horizon lumineux et serein,
Vers lequel ardemment notre regard se lève,
Puisque tout ici-bas se ternit et s'achève.
Pour porter le présent morne, triste ou fâcheux,

Nous regardons le ciel, le beau ciel radieux...

MADAME RINOL.

Enfin, vous reviendrez?

MADAME DELBAN.

A mon prochain voyage
Je vous promets un jour.

MADAME RINOL.

Tout un jour, sans partage?

MADAME DELBAN.

Si vous le désirez, nous parlerons de Dieu.

MADAME RINOL.

Vous me convertirez.

MADAME DELBAN, lui serrant la main.

Bien volontiers. Adieu.

SOUS LE MÊME TOIT

COMÉDIE EN TROIS ACTES ET EN PROSE

PERSONNAGES

Mlle VALVERT.
LÉON, son neveu.
MATHILDE, sa nièce.
Le Dr JESSY.
Mlle OPPORTUNE.
M. NICODÈME.
MARIE, leur nièce.
SUZON, servante de Mlle Opportune.

Le théâtre représente un salon très simplement meublé.

ACTE PREMIER

SCÈNE PREMIÈRE

LÉON, arpentant vivement l'appartement.

— Non, je n'irai pas à cette leçon d'allemand, il m'assomme l'allemand, et ce vieux Tudesque qui me le coasse aux oreilles m'assomme bien davantage encore. Mais c'est abrutissant de travailler comme cela, je passe à l'état d'une machine qu'on fait rouler d'une classe à une autre. Répétiteur de ceci, répétiteur de cela, au diable les répétitions ! Je veux de la liberté, du plaisir; du plaisir, de la liberté. Aussi je m'engagerai.

Il s'arrête sur le devant du théâtre et croise les bras.

Depuis que ce cancre d'Auguste m'a parlé de l'agréable vie qu'il mène au régiment, je grille d'envie de m'engager. Certainement je suis plutôt fait pour le métier de soldat que pour celui de bahutien[1], et en s'engageant, on arrive, tout comme si

---

1. Tout élève de lycée appelle son lycée un bahut et devient par là même un bahutien.

l'on passait par Saint-Cyr. Le chemin est peut-être plus rude, mais si je le préfère ! Mais voilà ce que c'est que de dépendre des femmes, tout les effraie, tout les émeut, elles se font des monstres de tout. Ma tante ne veut pas comprendre que la liberté du régiment est très séduisante. J'aurais cependant voulu son consentement... cela me chiffonne de l'enlever comme cela, de vive force, en lui résistant carrément; mais il le faut. Aujourd'hui pas d'allemand, j'ai brûlé mes vaisseaux.

SCÈNE II

LÉON, MATHILDE.

MATHILDE.

Eh bien, Léon, et la leçon d'allemand?

LÉON.

Eh bien, Mathilde, et ma leçon d'allemand!

MATHILDE.

Tu la manques encore aujourd'hui, est-ce possible?

LÉON.

C'est possible, puisque cela est.

MATHILDE, en s'asseyant et prenant sa tapisserie.

Je ne te comprends pas.

LÉON.

Voyons, est-ce que tu aimes l'allemand, toi?

MATHILDE.

Est-ce que je me prépare pour Saint-Cyr, moi?

LÉON.

Non, Dieu merci pour toi, car c'est bien la chose du monde la plus fatigante.

MATHILDE.

Mon Dieu, Léon, comme tu deviens paresseux!

LÉON.

Mon Dieu, Mathilde, comme tu deviens sermonneuse!

MATHILDE.

C'est bien malgré moi; tous les jours je me promets de ne te rien dire, et tous les jours je ne puis te taire la vérité; désolée ainsi que je le suis de te voir compromettre ton avenir.

LÉON.

Compromettre Saint-Cyr, tu veux dire.

MATHILDE, vivement.

Comment, tu ne continuerais pas tes études?

LÉON, arpentant le salon.

Bon, des cris! Si tu ne peux entendre la vérité sans tomber en attaque de nerfs, ne me la demande pas.

MATHILDE.

Dis-la-moi, je t'en prie.

LÉON.

Seras-tu calme?

MATHILDE.

Très calme.

LÉON, se plaçant en face d'elle.

Eh bien, oui, j'y suis décidé, je m'engagerai.

MATHILDE, se levant.

Tu t'engageras, oh! Léon.

LÉON.

Et ton calme, où est-il? Je ne dis plus rien.

MATHILDE, se rasseyant.

Si, si, parle.

LÉON.

Je m'engagerai, et je gagnerai l'épaulette d'or sans passer par Saint-Cyr.

MATHILDE.

Ou tu ne la gagneras pas.

LÉON, frappant du pied.

Si, te dis-je, et bien vite et surtout bien agréablement.

MATHILDE.

Agréablement, Léon?

LÉON.

Oui, Mathilde, très agréablement. Le soldat, son service fait, est libre comme l'air.

MATHILDE.

Je connais peu la vie de caserne, mais je n'y aurais pas cherché l'idéal d'indépendance que tu rêves.

LÉON.

Oh ! l'idéal est de trop, l'idéal n'a jamais hanté la gamelle, la chambrée et le reste. Quoi qu'il en soit, j'aime mieux en passer par là et en finir avec mes répétiteurs. Je ne suis pas le premier qui ait pris ce chemin.

MATHILDE.

Ce n'a jamais été le plus court.

LÉON.

Qu'importe, encore une fois, s'il est le plus agréable ?

MATHILDE.

C'est ce que je nie.

LÉON, dédaigneusement.

Est-ce que des jeunes filles comme toi sont au courant de pareilles questions ?

MATHILDE.

Les jeunes filles comme moi ont des yeux et des oreilles, et à défaut d'expérience, elles ont celle des autres. Avant de donner suite à ce triste projet, questionne certaines personnes sur les engagés volontaires, et tu verras ce qu'elles te répondront.

LÉON.

Je vois ceux qui sont arrivés en suivant cette route, cela me suffit.

MATHILDE.

Et vois-tu ceux qui sont restés en chemin et qui

ont tristement fini dans le pire des déclassements?

LÉON, avec impatience.

Je te dis que les femmes n'entendent rien à ces choses.

MATHILDE.

Je le veux bien, questionne les hommes compétents, c'est tout mon désir. Il me semble que j'entends le pas de M. Jessy, si tu lui demandais son avis là-dessus?

LÉON.

A une condition, c'est qu'il ne saura pas qu'il s'agit de moi, autrement comme il aime beaucoup ma tante, il se mettrait de son bord, c'est certain.

MATHILDE.

Soit, feignons qu'il s'agit d'un étranger.

LÉON.

Seras-tu discrète ? mais là, sérieusement.

MATHILDE.

Très sérieusement.

LÉON.

Tu ne feras pas de clins d'œils, de toux, d'airs de tête, de toutes ces choses que les femmes ont à leur service pour parler en feignant de se taire.

MATHILDE.

Je serai consciencieusement muette, je te l'ai dit (Elle prête l'oreille.) C'est bien M. Jessy.

LÉON, se penchant vers elle.

Comment dire ? quel conte inventer ?

MATHILDE.

Un parent... un ami qui...

LÉON.

Chut, le voici.

SCÈNE III

Les Mêmes, MONSIEUR JESSY.

MONSIEUR JESSY.

Bonjour, enfants, vous êtes seuls?

MATHILDE.

Oui, monsieur. Léon, avance donc un fauteuil à monsieur Jessy.

MONSIEUR JESSY, regardant tour à tour Mathilde et Léon qui ont l'air embarrassé.

On n'a pas sa figure de tous les jours, il me semble. Qu'y a-t-il ?

MATHILDE.

Dis, Léon.

LÉON.

Parle, Mathilde.

MATHILDE.

Monsieur, Léon et moi, nous ne sommes pas d'accord.

MONSIEUR JESSY.

Je ne vois là rien de très extraordinaire, les frères

et les sœurs se sont toujours quelque peu chamaillés, c'est dans leur rôle.

MATHILDE.

Voulez-vous être l'arbitre de notre discussion d'aujourd'hui ?

MONSIEUR JESSY, prenant une pose très grave.

Voyons.

MATHILDE, en hésitant.

Un jeune homme... une personne que Léon aime beaucoup.

LÉON.

Excessivement.

MATHILDE.

A pris la résolution de s'engager.

MONSIEUR JESSY.

Quelle folie !

MATHILDE.

Je savais bien que vous seriez de mon avis.

LÉON.

Un instant, monsieur ! vous rendez bien promptement votre verdict, il me semble.

MONSIEUR JESSY.

Non, règle générale, s'engager c'est une folie ; maintenant il y a les cas particuliers.

LÉON.

Là, vois-tu, Mathilde ?

MATHILDE.

Mais si tu... pardon. Monsieur, vous plaît-il d'énumérer les cas particuliers ?

MONSIEUR JESSY.

Ils sont au nombre de trois : la paresse, l'inintelligence, la pauvreté. Léon, votre ami est-il paresseux ?

LÉON.

A ses heures.

MONSIEUR JESSY.

Inintelligent ?

LÉON.

Qu'en penses-tu, Mathilde ?

MATHILDE.

Il est intelligent.

MONSIEUR JESSY.

Est-il pauvre et ses parents ne peuvent-ils sans déraison fournir à ses dépenses dans un bon établissement ?

MATHILDE, vivement.

Les parents sacrifient avec joie leur bien-être pour qu'il embrasse la carrière de son choix en passant par les meilleures écoles préparatoires.

MONSIEUR JESSY.

Il me semble que la question s'éclaircit d'elle-même. Ah ! un instant, j'oublie, est-ce un jeune homme élevé sans ordre, sans intelligence ? est-ce un mauvais sujet ?

MATHILDE.

Oh! non, non.

MONSIEUR JESSY.

C'est encore dans cette triste catégorie d'individus que se recrutent les engagés volontaires. La sottise humaine se déploie ici dans toute son insanité. Ces pauvres mauvais sujets! Ils n'ont pu obéir à leurs parents, à leurs maîtres, et pour échapper au joug, ils se jettent tête baissée sous celui de la discipline militaire.

LÉON, pensivement

Au fait, c'est un joug.

MONSIEUR JESSY.

C'est le pire des jougs pour une nature qui, à force d'être ingouvernée, est devenue ingouvernable. Le soldat obéit à tout, au tambour, au geste, le soldat doit l'obéissance passive. Aussi qu'arrive-t-il au mauvais sujet, à l'indiscipliné que toute règle révoltait? il se révolte et il emboîte le pas derrière les indisciplinés du régiment. Dès lors pas d'avancement, pas d'espérances; mais une vie souvent abrutissante pour les fils de famille.

MATHILDE, regardant Léon.

Voilà un tableau peu séduisant.

LÉON.

Avouez, docteur, que vous n'aimez pas l'état militaire.

MONSIEUR JESSY.

Pardon! Je n'aime pas les mauvais soldats, je n'aime pas les têtes brûlées qui vont croupir dans les régiments de discipline; mais j'aime beaucoup l'armée en général et ceux qui la représentent dignement.

MATHILDE.

Là, vois-tu, et crois-tu le docteur maintenant?

MONSIEUR JESSY.

Ceci, Léon, ne vous regarde pas, puisque vous entrez dans l'armée par la vraie porte; mais faites-en votre profit pour conseiller vos camarades à l'occasion.

LÉON.

Celui dont je m'occupe écoute peu les conseils, je dois le dire.

MONSIEUR JESSY.

La raison a toujours son heure. Avez-vous de l'influence sur lui?

LÉON, souriant.

Beaucoup.

MONSIEUR JESSY.

Eh bien! employez-la pour le dissuader de ce projet d'engagement. S'engager quand on ne rentre pas dans les catégories que j'ai indiquées, c'est se casser le cou. Quelle heure est cela? Votre pendule doit avancer? (Il consulte sa montre.) Mais non. Que devient votre bonne tante? je la laisse à un orphelinat après lui avoir donné rendez-vous ici, la sachant exacte, et voilà qu'elle me fait faux bond. Vous savez qu'elle a découvert dans un ouvroir la petite nièce de votre voisine, Mlle Opportune.

MATHILDE ET LÉON.

Nous ne le savions pas.

MONSIEUR JESSY.

Au fait, c'est tout récent. Eh bien! cette pauvre petite étant malade d'anémie, j'ordonnais la campagne, la mer, enfin tout ce qu'on ordonne en pareil cas. Les sœurs qui la gardent gratuitement et qui vont être obligées de la renvoyer à cause de la limite d'âge ont fait des recherches sur sa famille et ont écrit à Mlle Opportune qui a répondu une lettre fort sèche et formellement négative. Votre tante a jugé qu'il fallait tenter un nouvel effort et a pensé que la vue de l'orpheline attendrirait ce cœur de tigre. Elle va la lui amener.

MATHILDE.

Ici?

MONSIEUR JESSY.

Ici. Je crois bien qu'elle en sera pour ses frais de sentiment; mais quand il s'agit d'obliger, Mlle Valvert n'écoute que son cœur; Léon, allez voir si votre tante n'est pas rentrée.

LÉON.

Oui, monsieur.

Il sort.

SCÈNE IV

MONSIEUR JESSY, MATHILDE.

MONSIEUR JESSY.

C'est lui l'engagé volontaire?

MATHILDE.

C'est lui. Comment l'avez-vous deviné?

MONSIEUR JESSY.

Votre tante ce matin m'a dit un mot de ses inquiétudes à son sujet. Je suis tombé des nues. Ce pauvre garçon au moment d'être admis dans la rue des Postes, qui est le vestibule de Saint-Cyr, commet une de ces bévues qui brisent les plus belles carrières. Mais enfin, comment cette folle pensée lui est-elle venue?

MATHILDE.

Par Auguste qui s'est engagé, il y a une quinzaine de jours, et qui cherche à l'entraîner à son régiment.

MONSIEUR JESSY.

Nous voici en plein absurde. Auguste est un cancre, c'est-à-dire un sot doublé d'un paresseux; Auguste a des parents inintelligents et égoïstes qui n'y voient pas plus loin que le bout de leur nez et qui ne se sont jamais souciés de placer leur enfant dans un milieu sain. Qu'il mange à la gamelle de la famille ou à la gamelle du régiment, cela leur est bien égal. Il s'est gâté sous leur stupide gouvernement, il en change, ils trouvent des raisons aussi fausses que niaises pour l'expliquer. Mais que Léon, élevé avec tant de sagesse, tant de dévouement vrai, conduit par une main si ferme mais si juste et si douce s'imagine de se jeter dans les eaux de ce jeune bohème, voilà ce qui me paraît le comble de la sottise et de l'ingratitude.

MATHILDE.

Léon est faible, monsieur.

MONSIEUR JESSY.

Et c'est pourquoi il faut qu'il se tienne dans son milieu et qu'il accepte de se laisser conduire jusqu'à ce qu'il sache se conduire lui-même. C'est justement parce qu'il est faible qu'il a tout à craindre de la vie de régiment telle qu'elle existe pour l'engagé volontaire. Les natures fortement trempées passent impunément partout, l'homme qui a une volonté marche vers son but sans prendre garde aux cailloux du chemin; mais ces jeunes gens délicats, impressionnables, amis du plaisir, ennemis de toute contrainte sont ballottés quelque temps entre le désespoir d'avoir passé une pareille chaîne à leur cou, et la lassitude qui les porte à se mêler à la vie de leurs compagnons. Quand le désespoir prévaut, ils se font remplacer, quand c'est la lassitude ils suivent le torrent en aveugles et beaucoup vont augmenter la triste et dangereuse masse des déclassés.

MATHILDE.

Ma tante pense ainsi, voit ainsi et je ne puis vous dire à quel point nous sommes malheureuses de la décision de Léon. Je vous en supplie, monsieur, parlez-lui, essayez de le dissuader de suivre Auguste.

MONSIEUR JESSY.

Mon enfant, je perdrais ma peine. Quand un garçon de l'âge et du tempérament de Léon subit une mauvaise influence, les résistances ne font que l'irriter. Votre tante peut seule agir en ceci, car Léon l'aime tendrement. Ah! si je pouvais lui faire toucher du doigt l'ingratitude dont il se rend coupable! Laissons aux circonstances le soin de m'en donner l'occasion. Nous allons probablement avoir une belle scène d'égoïsme à propos de la pauvre petite nièce de Mlle Opportune, c'est comme une leçon préparée par la Providence pour Léon, et il en profitera peut-être. Ne vous désolez pas à l'avance, essuyez vos yeux, les voici.

SCÈNE IV

Les Mêmes, MADEMOISELLE VALVERT, LÉON.

MADEMOISELLE VALVERT, de la porte.

Docteur, croyez-vous qu'il faille faire entrer tout de suite cette pauvre petite Marie, ou vaut-il mieux que Mlle Opportune soit préparée par vous à se trouver en sa présence?

MONSIEUR JESSY, avec de grands gestes.

Cachez-la, cachez-la, le plus longtemps possible. Si Mlle Opportune l'aperçoit, elle n'entrera pas dans votre salon. Les égoïstes ont beaucoup de flair, comme vous savez.

MADEMOISELLE VALVERT, s'avançant.

Mais elle ne la connaît pas.

MONSIEUR JESSY.

Elle la devinerait, vous dis-je!

LÉON.

Elle est très gentille cette petite et je la plains de tomber entre les mains de l'affreuse Opportune.

MADEMOISELLE JESSY, à mademoiselle Valvert.

Ces enfants heureux ne savent rien des tristes exigences de la vie.

LÉON, vivement.

Monsieur, vivre avec Mlle Opportune est certainement un supplice.

MONSIEUR JESSY.

Et vivre sur le pavé, jeune homme, et mourir à l'hôpital, est-ce un plaisir?

LÉON.

Monsieur, je ne savais pas qu'elle fût aussi malheureuse que cela.

MADEMOISELLE VALVERT.

Chut! voici Mlle Opportune.

SCÈNE V

Les Mêmes, MADEMOISELLE OPPORTUNE en toilette ridicule et prétentieuse, le petit oiseau perché sur son chapeau s'est envolé de sa spirale de fil de fer et se balance à un pied au-dessus de sa tête.

MADEMOISELLE VALVERT, aimablement.

Je ne vous ai pas dérangée, mademoiselle?

MADEMOISELLE OPPORTUNE, décrivant des révérences.

Non, mademoiselle, j'allais précisément sortir pour acheter des pantoufles à mon infirme.

MADEMOISELLE VALVERT.

Comment va M. Nicodème?

MADEMOISELLE OPPORTUNE.

Très bien pour sa position.

MONSIEUR JESSY.

C'est une assez triste position; mais il la rend supportable par sa patience.

MADEMOISELLE OPPORTUNE.

Sa patience, monsieur! on voit bien que vous ne vivez pas avec lui; ce n'est qu'une plainte du matin au soir.

MONSIEUR JESSY.

Ah! vraiment, je ne le croyais pas.

MADEMOISELLE OPPORTUNE, avec impatience.

Parce que vous ne le voyez que les jours de consultation et que ces jours-là, c'est comme un fait exprès, il est doux comme un mouton. Au reste, je ne me plains pas de lui, il est comme il est et il me faut bien le supporter tel quel.

MONSIEUR JESSY.

Et le plus longtemps possible, car il vous manquerait, avouez-le.

MADEMOISELLE OPPORTUNE.

Mon Dieu, je l'ai toujours eu à ma charge, c'est un ennui auquel je suis faite; mais ce n'est pas là une société pour moi, il baisse tous les jours.

MADEMOISELLE VALVERT.

Évidemment vous serez bien seule dans un avenir prochain, mademoiselle.

MADEMOISELLE OPPORTUNE, avec un gros soupir.

Bien seule!

MADEMOISELLE VALVERT.

C'est pourquoi je me suis permis de vous faire parler par plusieurs personnes de votre petite nièce qui est si...

MADEMOISELLE OPPORTUNE, l'interrompant.

Je vous ai fait adresser à ce sujet, mademoiselle, une réponse catégorique.

MADEMOISELLE VALVERT, en souriant.

Mais je ne me suis pas tenue pour battue cependant.

MADEMOISELLE OPPORTUNE, se levant.

C'est un tort, mademoiselle, si vous me connaissiez, vous sauriez que je change rarement d'avis.

MONSIEUR JESSY.

Mademoiselle Opportune, rasseyez-vous et dites-nous un peu vos raisons de repousser impitoyablement cette pauvre petite.

MADEMOISELLE OPPORTUNE.

D'abord je n'ai pas, que je sache, à m'occuper des enfants des autres.

MONSIEUR JESSY.

Mais il s'agit de l'enfant de celui que vous avez élevé et que vous gâtiez si maladroitement, je m'en souviens.

MADEMOISELLE OPPORTUNE.

C'est justement parce que celui-là m'a fait boire le calice jusqu'à la lie, que j'ai juré de ne plus aimer... (Elle pose la main sur sa poitrine.) que moi.

MONSIEUR JESSY.

Mais aussi comment l'aviez-vous élevé? Là, franchement.

MADEMOISELLE OPPORTUNE.

Est-ce bien à vous à me demander cela, monsieur? Comment! un enfant qui ne me quittait pas, que j'avais dans ma chambre, dont j'apprenais les leçons, auquel je donnais tous mes goûts et qui finit par s'engager et par me planter là, c'est indigne!

MONSIEUR JESSY.

Ne saviez-vous pas qu'il avait du goût pour l'état militaire?

MADEMOISELLE OPPORTUNE.

Lui! un pauvre petit qui tremblait pour tout, qui avait peur de tout.

MONSIEUR JESSY.

Je parle du moment où il s'est violemment décroché de vos jupes.

MADEMOISELLE OPPORTUNE.

Il y était très bien à mes jupes et il n'a fait des sottises que quand il s'en est décroché.

MONSIEUR JESSY.

Évidemment. Quand on a quinze ans et qu'on ne sait pas se moucher seul, on trébuche partout.

MADEMOISELLE OPPORTUNE.

L'ingrat! quand j'y pense! l'avoir élevé dans le sucre et le voir se noyer dans l'absinthe!

MONSIEUR JESSY.

Il aurait fallu d'abord manger moins de sucre avec lui, puis vous en séparer à temps, mademoiselle.

MADEMOISELLE OPPORTUNE.

Et vivre de privations pour l'envoyer à ces collèges où l'on paie les yeux de la tête, n'est-ce pas?

MONSIEUR JESSY, regardant Mlle Valvert.

J'ai vu des personnes agir avec cette abnégation.

MADEMOISELLE OPPORTUNE.

C'est possible, mais il n'entre pas dans mes idées d'agir ainsi. Cela vaut bien la peine de s'occuper d'un enfant si c'est pour l'envoyer manger votre argent ailleurs.

MONSIEUR JESSY.

Votre système à ce sujet ne se discute pas, mademoiselle; mais il est certain que si vous aviez placé à temps ce pauvre orphelin dans un établissement sérieux, il ne serait pas allé s'engager ignorant comme une carpe, et si, une seconde fois, vous aviez voulu le remplacer et lui permettre de se marier, comme il lui plaisait, puisqu'il s'agissait d'un parti honorable, il n'aurait pas fait un mariage déshonorant.

MADEMOISELLE OPPORTUNE.

Encore une fois, monsieur, je l'élevais pour moi et non pour les autres; je voulais lui donner une carrière qui le fixât toujours près de moi, et je n'entendais pas qu'il quittât ma maison de sitôt.

MONSIEUR JESSY.

Hum! tyrannie pour tyrannie!

MADEMOISELLE VALVERT.

Quoi qu'il en soit, le résultat est que sa pauvre petite fille se trouve sans asile, puisque les religieuses qui l'ont élevée ne peuvent garder les orphelines que jusqu'à douze ans.

MADEMOISELLE OPPORTUNE, aigrement.

Voilà bien les religieuses! Je vous demande un peu pourquoi elles ne gardent pas ces orphelines plus longtemps.

MONSIEUR JESSY.

Au fait, elles pourraient les garder toute leur vie, à la simple condition qu'elles se défassent de l'habitude de boire et de manger.

MADEMOISELLE VALVERT, à mademoiselle Opportune.

Le bon docteur aime à plaisanter, mais tout en plaisantant il dit la vérité. La vérité est que l'orphelinat de ces dames est encombré, et que malgré le désir qu'elles en ont, elles ne peuvent garder votre petite nièce.

MADEMOISELLE OPPORTUNE, se levant.

J'en suis désolée.

MADEMOISELLE VALVERT, se levant aussi.

Mademoiselle, un instant encore. Vous n'avez pas vu l'enfant; elle est charmante et les sœurs en rendent le meilleur témoignage.

MADEMOISELLE OPPORTUNE.

Je connais cela. Veut-on se débarrasser sur quelqu'un d'une orpheline, elle a toutes les qualités.

MADEMOISELLE VALVERT.

Mais enfin, si vous voyiez par vous-même.

MADEMOISELLE OPPORTUNE.

Je n'ai pas le temps d'aller à cet orphelinat, j'ai bien autre chose à faire.

MADEMOISELLE VALVERT.

J'ai prévu votre objection, et j'ai fait venir la petite Marie.

MADEMOISELLE OPPORTUNE, tressaillant.

Elle est ici ?

MADEMOISELLE VALVERT, frappant sur un timbre.

Oui, et vous ne refuserez pas de la voir.

MADEMOISELLE OPPORTUNE, avec agitation.

Une autre fois. Je suis très pressée, très pressée ; sa vue d'ailleurs ne changerait rien à mes résolutions, au contraire. J'ai bien l'honneur...

MADEMOISELLE VALVERT.

La voici.

SCÈNE V

Les Mêmes, MARIE.

Elle apparaît toute rougissante à la porte, dans son pauvre costume d'orpheline. Mathilde court lui prendre la main et l'amène devant Mlle Opportune.

MATHILDE.

Embrassez votre tante, petite Marie.

MARIE, levant les bras.

Bonjour, ma tante.

MADEMOISELLE OPPORTUNE, se reculant jusqu'au mur.

Bonjour, bonjour, ne m'embrassez pas, ce n'est pas la peine.

MADEMOISELLE VALVERT, l'appelant du geste
et lui prenant la main.

N'est-ce pas, chère petite, que vous serez bien reconnaissante si votre bonne tante que voilà consent à se charger de vous ou payer votre pension chez vos bonnes Mères ?

MARIE.

Oui, madame, bien reconnaissante.

MADEMOISELLE OPPORTUNE, qui a mis ses
lunettes pour la mieux regarder.

Quel âge avez-vous ?

MARIE, s'approchant d'elle.

Douze ans, ma tante.

MADEMOISELLE OPPORTUNE, la regardant, la toisant.

Quand êtes-vous entrée à cet orphelinat ?

MARIE.

Après la mort de papa.

MADEMOISELLE OPPORTUNE.

C'est juste. Quel âge aviez-vous ?

MARIE.

Quatre ans.

MADEMOISELLE OPPORTUNE, la tournant et
la retournant.

Qu'est-ce que cet habillement ?

MARIE.

C'est l'uniforme de l'orphelinat.

MADEMOISELLE VALVERT.

N'est-ce pas qu'elle est bien gentille notre petite Marie ?

MADEMOISELLE OPPORTUNE, se levant.

Tous les enfants sont gentils à cet âge-là ; je ne m'y laisserai plus prendre. J'ai bien l'honneur de vous saluer, mademoiselle.

Elle sort presque en courant.

SCÈNE VII

Les Mêmes, moins MADEMOISELLE OPPORTUNE.

MADEMOISELLE VALVERT.

Est-ce possible !

MONSIEUR JESSY.

Vive les égoïstes ! (A Marie qui pleure.) Qu'avez-vous à pleurer, mon enfant ?

MARIE.

Il faudra donc que je quitte l'orphelinat, monsieur ?

MONSIEUR JESSY, prenant son chapeau.

C'est ce que nous verrons. (A Mlle Valvert.) La reconduisez-vous ?

MADEMOISELLE VALVERT.

Oui ; mais vous me voyez affreusement embarrassée.

MONSIEUR JESSY.

Allons donc, pour si peu ! Dites à ces dames que je

me charge de l'enfant cette année. Après nous verrons bien; Nicodème n'est pas éternel, et dans l'état affaibli où il se trouve, l'abominable Opportune ne peut lui faire faire de testament. L'avenir étant garanti, il ne s'agit que d'obvier au présent. C'est fait, adieu.

LÉON et MATHILDE.

Que vous êtes bon, docteur.

MONSIEUR JESSY, montrant Mlle Valvert du bout de sa canne.

Ce que j'ai de bonté m'a été enseigné; tenez, voilà mon professeur.

La toile tombe.

ACTE II

Le théâtre représente la chambre de Mlle Opportune.

SCÈNE PREMIÈRE

MADEMOISELLE OPPORTUNE, SUZON, NICODÈME.

Près de la cheminée est assis un vieillard en robe de chambre. — Suzon souffle le feu. — La porte s'ouvre vivement, Mlle Opportune paraît.

MADEMOISELLE OPPORTUNE, avec aigreur.

Eh bien, paresseuse, à quoi pensez-vous de laisser votre cuisine ouverte à tout venant ? Je serais curieuse de savoir ce que vous faites-là.

SUZON.

Je fais chauffer la tisane de M. Nicodème, mademoiselle, il a beaucoup toussé ce matin.

MADEMOISELLE OPPORTUNE.

C'est une habitude qu'il prend, rien qu'une habitude. Quel feu de broche, bon Dieu ! Vous n'avez pas manqué, je pense, de lui persuader qu'il faisait un froid rouge. Otez ce bois et vivement. Médor a-t-il déjeuné ?

SUZON.

Je lui ai porté du lait, mademoiselle ; mais il n'a pas voulu y toucher.

MADEMOISELLE OPPORTUNE.

Il y a un siècle que je vous le dis, ce pauvre animal est très malade. Ah ! la vie n'est qu'un tissu de contrariétés et de soucis. Allez le chercher ; mais s'il dort ne le réveillez pas.

Suzon sort.

SCÈNE II

MADEMOISELLE OPPORTUNE, NICODÈME.

MADEMOISELLE OPPORTUNE.

Eh bien, Nicodème, n'avez-vous rien à me dire ? Comme vous voilà fagoté ! On voit bien que je n'étais pas là, votre bonnet grec est tout de travers.

Elle se lève et le redresse brusquement.

NICODÈME.

Aïe ! Aïe !...

MADEMOISELLE OPPORTUNE.

Nous sommes douillet ce matin.

NICODÈME, frissonnant.

J'ai bien froid.

MADEMOISELLE OPPORTUNE.

Sans doute ; ne faut-il pas que vous soyez toujours

gelé? Vous vous brûlez le sang en brûlant mon bois. Tout devient si cher qu'il faudra bien économiser là-dessus comme sur tout le reste cependant.

NICODÈME.

Est-ce que vous ne sortirez plus, Opportune?

MADEMOISELLE OPPORTUNE.

Non, certainement. On dirait que cela vous contrarie? En vérité, j'ai assez de la visite que j'ai faite ce matin? Voyons, Nicodème, m'écoutez-vous?

NICODÈME.

Oui, oui, parlez, Tutune.

MADEMOISELLE OPPORTUNE.

Tutune! ne vous ai-je pas prié de me faire grâce de ce diminutif? Tutune! que c'est vulgaire! Enfin, parlons de la chose sérieuse qui nous occupe. Je suis tombé dans un guet-apens, et on m'a fait voir cette nièce qu'on veut me jeter sur les bras. Je ne lui dois rien, absolument rien, et la loi ne pouvant me forcer à m'en charger, j'ai refusé net de m'en occuper. Ils en seront pour leurs frais de sentiment.

NICODÈME.

Et notre cousin, que devient-il?

MADEMOISELLE OPPORTUNE.

Notre cousin! il y a trois mois que vous portez son deuil. Je regrette de vous le répéter, Nicodème; mais vous tombez tout à fait en enfance. C'est ce que j'ai dit d'ailleurs aux hommes d'affaires que j'ai vus. Je leur ai parlé de votre position, en leur déclarant que je ne me sentais pas le courage de prendre une autre charge. De quoi le monde se mêle-t-il ? On ne se marie pas pour conserver sa paix et sa tranquillité, et il faudrait adopter les enfants des autres ! « Pauvre petite ! disent ces tendres cœurs, elle est si abandonnée, et vous êtes sa seule parente. » Ah ! oui, et elle est ma seule héritière aussi, n'est-ce pas ? Nous verrons, nous verrons. (Elle se regarde dans la glace placée devant elle et refait le nœud de son bonnet.) On dirait que pas une femme ne se marie quand cela lui convient. J'en ai connu pourtant. Oui... mais on ne les enterrait pas dans un bonnet convenable pour une femme de soixante-dix ans. (Elle tire son bonnet en arrière et consulte de nouveau le miroir.) C'est déjà beaucoup mieux ainsi ; et, il faut en convenir, cette garniture avancée sur le front me vieillissait de dix ans.

NICODÈME.

Elle a dix ans ?

MADEMOISELLE OPPORTUNE.

Qui ?

NICODÈME.

La petite.

MADEMOISELLE OPPORTUNE.

Douze ; mais peu importe son âge, puisque je ne la prendrai pas. Ces religieuses qui l'ont élevée peuvent s'en charger, je ne m'en occuperai pas davantage. Je ne suivrai pas l'exemple de notre voisine, Mlle Valvert qui me prêche si bien. Toute la vie elle s'est tourmentée pour les enfants de son frère, et en particulier pour ce mauvais sujet de Léon, qui aujourd'hui veut s'engager, m'a dit son camarade Auguste. A la place de Mlle Valvert, je ne me désolerais pas comme elle le fait. Il serait le premier puni de son coup de tête, et plus il irait loin, mieux ça me conviendrait. Le monde est peuplé d'ingrats, j'en sais quelque chose.

NICODÈME.

Plaît-il ?...

MADEMOISELLE OPPORTUNE.

Ce n'est pas à vous que je parle, vous n'avez plus la moindre conversation. Mon intérieur devient agréable, je puis m'en flatter; et, s'il n'avait pas fallu me gêner pour avoir ma nièce, je crois que j'en aurais essayé comme distraction.

NICODÈME.

Pourquoi n'allez-vous pas faire un petit tour, Opportune ?

MADEMOISELLE OPPORTUNE.

Par cette pluie battante, n'est-ce pas ?

NICODÈME.

Il pleut ?

MADEMOISELLE OPPORTUNE.

A torrents. Peut-être ne sera-ce qu'une ondée. Voulez-vous faire une partie d'écarté ?

NICODÈME.

Je veux bien.

MADEMOISELLE OPPORTUNE, *en plaçant la table.*

Redressez-vous un peu et mettez vos lunettes, afin de ne pas prendre le trèfle pour le pique, comme l'autre jour.

NICODÈME.

Je n'y voyais pas assez.

MADEMOISELLE OPPORTUNE.

Vous n'avez pas manqué de le dire, et bien haut, ce qui m'a forcée d'allumer une bougie de plus.

Elle donne les cartes.

NICODÈME.

Je propose.

MADEMOISELLE OPPORTUNE.

Vous proposez; c'est un peu votre manie. Combien?

NICODÈME.

Trois.

MADEMOISELLE OPPORTUNE.

Voilà.

NICODÈME.

Encore.

MADEMOISELLE OPPORTUNE.

Voyons un peu vos cartes. Je m'en doutais; vous avez le roi, la dame et deux autres atouts.

NICODÈME.

Mon jeu est tout rouge.

MADEMOISELLE OPPORTUNE.

Eh bien, l'atout n'est pas noir, puisque c'est le valet de carreau qui tourne.

NICODÈME.

Je croyais que c'était cœur.

MADEMOISELLE OPPORTUNE, laissant tomber les cartes.

Il n'y a pas moyen de jouer avec un pareil partenaire.

NICODÈME, jetant une carte.

Cœur.

MADEMOISELLE OPPORTUNE.

Bon ! l'as de carreau.

NICODÈME.

Atout de la dame.

MADEMOISELLE OPPORTUNE.

Mais vous ne voyez donc pas que vous jouez tout seul ? Chauffez-vous, c'est ce que vous avez de mieux à faire.   Elle pousse le fauteuil.

NICODÈME saisissant la table à deux mains.

Je veux jouer.

MADEMOISELLE OPPORTUNE.

Vous ne jouerez point.

NICODÈME.

Trèfle.

MADEMOISELLE OPPORTUNE.

Nicodème, laissez ces cartes.

NICODÈME.

Pique.

MADEMOISELLE OPPORTUNE, élevant la voix.

Oh! cet entêtement! Suzon, Suzon, venez vite ici.

SCÈNE III

LES MÊMES, puis SUZON.

SUZON.

Ah! mon Dieu! mamzelle, j'ai cru qu'il était arrivé quelque malheur.

MADEMOISELLE OPPORTUNE.

Je ne peux plus venir à bout de mon frère : il est comme un enfant têtu et ingouvernable. Donnez-moi Médor et ôtez cette table. (Dorlotant le chien.) Comme il est abattu!

SUZON.

Je l'ai trouvé couché dans le trou à charbon, mademoiselle.

MADEMOISELLE OPPORTUNE.

Quand il n'est pas bien, il aime l'obscurité; c'est mauvais signe. Qu'est-ce que ce vieux ruban qu'il a au cou?

SUZON.

Je ne sais pas; c'est sans doute une nouvelle farce de M. Léon. Ce matin il a rencontré Médor sur le palier, et il l'a coiffé de votre vieux chapeau : « Ne trouvez-vous pas qu'il ressemble à quelqu'un de votre connaissance? qu'il m'a demandé en riant comme un fou. — Taisez-vous, monsieur, lui ai-je répondu; ça ne vient que du chapeau, qui n'a jamais bien fait à Mlle Opportune. » Comparer une figure de chrétienne à un museau de chien! a-t-on jamais entendu pareille chose ?

MADEMOISELLE OPPORTUNE.

Je me plaindrai; oui, j'irai me plaindre à sa tante. Ah! il a bien raison de se faire soldat aussi celui-là, Au moins nous serons pour toujours débarrassés de lui. Passez-moi le lait de Médor, là, sur la cheminée... le bol vous crève les yeux.

SUZON, en tournant le bol entre ses doigts.

Il est vide, mademoiselle.

MADEMOISELLE OPPORTUNE, bondissant vers son frère.

C'est vous qui avez bu ce lait, Nicodème ?

NICODÈME.

Ce n'était pas de la tisane ?

MADEMOISELLE OPPORTUNE.

Non, non, et vous le saviez bien, gourmand que vous êtes. Allons, Médor, regardez donc votre maîtresse. Quel air languissant vous avez, chéri! Il ne bouge pas... il respire à peine. Suzon, courez chercher du secours.

SUZON.

Où, mademoiselle ?

MADEMOISELLE OPPORTUNE.

M. Jessy est chez Mlle Valvert, ou chez sa malade

à l'étage au-dessus. Allez vite; mais allez donc!

SUZON.

Il ne viendra pas pour un chien, mademoiselle.

MADEMOISELLE OPPORTUNE.

Je ne pourrai donc jamais me faire obéir? Je veux qu'il vienne, entendez-vous? Ne parlez pas de Médor, dites que c'est Nicodème qui se trouve mal. J'entends ses pas sur l'escalier. Mlle Valvert le reconduit; allez, et faites-le venir.

Suzon sort.

SCÈNE II

NICODÈME, MADEMOISELLE OPPORTUNE,
Médor entre ses bras.

MADEMOISELLE OPPORTUNE.

Nicodème, donnez-moi votre cache-nez. (Elle se lève, déroule le cache-nez et en enveloppe Médor.) Oh! comme il tremble! sa tête et ses oreilles sont gelées. Nicodème, votre bonnet.

NICODÈME, criant.

Pour le chien!

MADEMOISELLE OPPORTUNE.

Pour Médor, qui est malade.

NICODÈME, une main sur son bonnet.

Mettez-lui le vôtre, Opportune.

MADEMOISELLE OPPORTUNE.

Le mien! le mien est-il chaud? Le mien est-il de laine? Vous déraisonnez. Allons, votre bonnet et vite.

NICODÈME, les deux mains sur son bonnet.

Mon bonnet! mon bonnet!

MADEMOISELLE OPPORTUNE, le lui enlevant.

Eh! oui, votre bonnet. Ne criez pas tant; Suzon va vous en donner un autre, mais votre tête a échauffé celui-ci, et c'est pourquoi je le prends. Allons, Médor, tourne-toi, mon amour. (Elle lui met le bonnet.) Pauvre petit! que tu es glacé! Comme cette Suzon est longtemps! c'est la personne la plus égoïste que je connaisse. Quand il s'agit d'elle, elle sait trouver ses jambes et sa langue, mais pour les autres elle ne les emploie pas. Et ce vieux docteur bourru, viendra-t-il? Il doit être furieux contre moi. S'il ne vient pas, comment ferai-je? Penser qu'il y a tant de médecins pour les hommes, et si peu pour les bêtes! Les bêtes! (Elle embrasse Médor.) qui souvent valent mieux que les hommes. Mon Médor, qu'as-tu? Garde ton bonnet, mon chéri, ne secoue pas ainsi les oreilles ni ta queue, ne t'agite pas. Quels soubresauts! Ce cache-nez te gêne... oui... doucement. Tenez, Nicodème, voilà votre cache-nez, il n'en veut pas. N'est-ce pas la grosse voix du docteur? Tenez aussi votre bonnet, Médor n'en veut pas non plus. (Elle recoiffe vivement M. Nicodème.) Voici M. Jessy.

SCÈNE V

Les Mêmes, MONSIEUR JESSY.

MONSIEUR JESSY.

Brrr! quel froid du diable il fait! Mademoiselle, j'ai bien l'honneur de vous resaluer. Notre malade va donc plus mal?

MADEMOISELLE OPPORTUNE.

Très mal, docteur.

MONSIEUR JESSY s'approche de Nicodème et lui prend le poignet.

Eh bien, père Nicodème, qu'est-ce qu'il y a de nouveau? Voyons la langue. Elle n'est pas chargée. (Il se détourne brusquement vers Mlle Opportune.) A quel propos vous êtes-vous imaginé qu'il était plus malade, ce pauvre homme? Il a engraissé, il est frais comme une rose, son pouls est parfait. Sûrement, mademoiselle, vous avez rêvé tout éveillée.

Il s'assied.

MADEMOISELLE OPPORTUNE.

Ah! que vous me faites du bien, docteur! je craignais une attaque de paralysie.

MONSIEUR JESSY.

Comment, comment? il est bien assez paralysé comme cela.

MADEMOISELLE OPPORTUNE.

Pardon, c'est apoplexie que je voulais dire.

MONSIEUR JESSY.

Certainement, s'il y a quelqu'un de malade ici, c'est vous, mademoiselle.

MADEMOISELLE OPPORTUNE.

Non, ce n'est pas moi.

MONSIEUR JESSY.

Alors vous avez la berlue. Dites donc, père Nicodème, où souffrez-vous ?

NICODÈME.

A l'estomac ; j'ai grand faim. Est-ce qu'on ne va pas bientôt dîner ?

MONSIEUR JESSY, en riant.

Bon symptôme, très bon symptôme, en vérité.

MADEMOISELLE OPPORTUNE.

Vous riez, docteur ; mais je vous assure qu'il est malade.

MONSIEUR JESSY.

Mais je vous affirme qu'il se porte bien. Voyons, qu'a-t-il éprouvé ?

MADEMOISELLE OPPORTUNE.

Un frisson.

MONSIEUR JESSY.

C'est le froid ; il a besoin d'un bon feu, et celui-ci s'éteint. Passez-moi les pincettes, s'il vous plaît.

MADEMOISELLE OPPORTUNE.

Elles sont auprès de vous. Après le frisson, sa respiration est devenue pénible, embarrassée (Regardant Médor.) et il paraissait si faible, si faible, que j'ai cru qu'il allait passer, surtout quand un frisson général est venu le saisir de la tête aux pattes.

MONSIEUR JESSY.

Comment, comment ! de la tête aux...

MADEMOISELLE OPPORTUNE.

De la tête aux pieds. Ai-je dit autre chose ? C'était pour rire, ou plutôt par suite du trouble que la peur d'un accident a jeté dans mes idées.

MONSIEUR JESSY.

Calmez-vous, ma chère demoiselle. Je ne comprends rien à votre agitation, parole d'honneur. Serait-ce le remords salutaire de votre dureté de tout à l'heure ?

MADEMOISELLE OPPORTUNE.

Je suis inquiète, horriblement inquiète... Pauvre bête !

MONSIEUR JESSY.

Encore ! décidément vous n'êtes pas bien éveillée, et il ne me reste qu'à vous souhaiter le bonjour. J'ai des malades, de vrais malades à voir, et une autre fois ne me dérangez pas pour un homme qui se porte à merveille.

MADEMOISELLE OPPORTUNE.

Je prendrai sur moi et je vous demande pardon, docteur... Comme vous êtes pressé ! J'ai les nerfs si délicats, que je ne puis supporter la moindre émotion.

MONSIEUR JESSY, en se levant.

Tant pis ! et vraiment je vous demande pardon à mon tour ; je ne croyais pas que Nicodème eût le pouvoir de vous mettre en cet état. Je vous souhaite une bonne santé, père Nicodème; mangez bien, n'attrapez pas froid et dormez en paix. Votre serviteur, mademoiselle Opportune, vous m'avez donné une petite leçon d'égoïsme dont je me rappellerai à l'occasion.

MADEMOISELLE OPPORTUNE.

Au revoir, docteur. Allons, Médor, laissez-moi aller reconduire M. Jessy. Il ne bouge pas; qu'est-ce que cela veut dire? Docteur, docteur, ne pourriez-vous me dire ce qu'a ce pauvre animal?

MONSIEUR JESSY.

Bah! un rien, la pépie.

MADEMOISELLE OPPORTUNE.

La pépie, un chien!

MONSIEUR JESSY.

Je pensais à votre perruche. C'est donc de Médor qu'il s'agit? Il dort, parbleu!

MADEMOISELLE OPPORTUNE.

Non, docteur, il n'est qu'assoupi. Une minute, rien qu'une minute, mon bon monsieur Jessy. Je vous en prie, regardez-le de près. (Elle le soulève dans ses bras.) Vous ne refuserez pas de le regarder?

MONSIEUR JESSY.

Allons donc, vous plaisantez. Un peu plus vous me diriez sérieusement de lui tâter le pouls, ce qui me ferait croire que vous m'avez demandé pour votre chien. Consultez la mère Bontemps, la fruitière du coin. Elle a mille bonnes recettes, et guérit même de la rage.

MADEMOISELLE OPPORTUNE, avec effroi.

Mais ce ne peut être la rage ?

MONSIEUR JESSY.

Bon ! ne sommes-nous pas en décembre ? cependant, qui sait ? Ne vous y fiez pas. Adieu, adieu.

Il sort.

SCÈNE VI

MADEMOISELLE OPPORTUNE, NICODÈME.

MADEMOISELLE OPPORTUNE.

Quel homme sans cœur ! Va, vieux metteur d'emplâtre ! Tu veux guérir les hommes et tu ne peux pas seulement comprendre la maladie d'un chien ! Voilà ! il a voulu prendre sa revanche.

NICODÈME.

Quelle revanche, Opportune ?

MADEMOISELLE OPPORTUNE.

Taisez-vous, Nicodème, mes affaires vous regardent-elles ?

NICODÈME.

Mais ce matin, il s'agissait de la petite qui... qui...

MADEMOISELLE OPPORTUNE.

Qui... qui, qui, qui. De quoi vous mêlez-vous ? Vous ne dites que des bêtises. Qu'avez-vous répondu tout à l'heure à ce docteur? Que vous aviez froid, que vous aviez faim? Que n'allez-vous aux orphelinats des vieillards, vieux plaignant que vous êtes?

NICODÈME.

Est-ce qu'il y en a, Opportune?

MADEMOISELLE OPPORTUNE.

Je suppose qu'il en existe. Il y a des maisons de refuge, même pour les idiots.

NICODÈME.

Et ce sont des religieuses qui les tiennent?

MADEMOISELLE OPPORTUNE.

Je n'en sais rien, mais les religieuses sont partout, voilà ce que je sais. Médor, mon chéri, un peu de lait. Non.

NICODÈME.

Je ne sais pas ce que vous dites, Opportune.

MADEMOISELLE OPPORTUNE.

C'est à mon chien que je parle.

NICODÈME.

Je croyais que c'était à moi.

MADEMOISELLE OPPORTUNE.

Vous ne pensez qu'à vous, vous n'êtes occupé que de vous. Inquiète comme je le suis, vais-je m'imaginer de vous tenir conversation?

NICODÈME.

Une petite partie vous distrairait, Opportune!

MADEMOISELLE OPPORTUNE.

Là, voyez-vous! il ne pense qu'à son amusement.

Mais le monde n'est peuplé que d'égoïstes ! (s'éloignant vivement.) Il va parler encore, c'est insupportable. Au moins que je souffre tranquillement de mes inquiétudes. Nicodème, taisez-vous.

SCÈNE VII

Les Mêmes, SUZON.

SUZON, son balai entre les mains.

Ah ! Mademoiselle, avez-vous entendu ?

MADEMOISELLE OPPORTUNE.

Entendu quoi ?

SUZON.

Est-ce que je sais, moi ! on aurait dit le cri d'une bête féroce. Il revient dans cette maison; bien sûr, il y revient.

MADEMOISELLE OPPORTUNE.

Pauvre sotte ! on vous a donc encore mis martel en tête avec quelque histoire de revenants ? Allez plutôt chercher le coussin de ce pauvre Médor.

SUZON.

Je n'irai pas, j'ai peur.

MADEMOISELLE OPPORTUNE.

Mais c'est de la stupidité, cela ! Encore si vous me disiez quelque chose. Non, ce sont des oh ! des ah ! qui ne m'expliquent rien. Votre revenant n'existe que dans votre imagination.

SUZON.

Je l'ai vu, mademoiselle. Il se faufilait dans le petit corridor, puis il a disparu.

MADEMOISELLE OPPORTUNE.

C'est ce mauvais sujet de Léon qui a voulu s'amuser à vos dépens.

SUZON.

M. Léon est sorti, et il m'a dit qu'il ne rentrerait que fort tard. Écoutez.. on marche dans la chambre.

MADEMOISELLE OPPORTUNE.

En effet, il y a quelqu'un. Si c'était un voleur? (Elle pose Médor sur un fauteuil.) Ce ne sont pas les morts que je crains, ce sont les vivants. On secoue la porte. Suzon, courez appeler les voisins.

SUZON.

Je serais arrêtée au passage; je ne bougerai pas pour un empire.

MADEMOISELLE OPPORTUNE.

Poltronne! Passez-moi ce sabre... là... dans ce coin, et ce pistolet accroché à la boiserie. Gardez le pistolet pour vous.

SUZON, le prenant par le canon.

Et s'il me part à la figure?

MADEMOISELLE OPPORTUNE, bas.

Il n'est pas chargé; mais cela leur fera peur. Et vous, Nicodème, ne vous montrerez-vous pas homme dans ce moment? Prenez votre sabre de garde national. Non, cette arme serait dangereuse entre vos mains; celle-ci vous conviendra mieux. (Elle prend le balai et le lui place entre les bras.) Maintenant, je vais voir ce que c'est. (Élevant la voix.) Je n'ai pas d'argent, je ne crains pas les voleurs ; et d'ailleurs je suis entourée de voisins. (Elle entr'ouvre la porte.) Je m'en doutais, il n'y a personne ; je savais bien que... que... Ah ! mon Dieu! Au secours ! au secours !

Elle jette le sabre et s'enfuit.

ACTE III

Le salon de Mlle Valvert.

SCÈNE PREMIÈRE

MATHILDE, puis LÉON.

LÉON.

Ah ! la bonne farce ! ai-je ri, mon Dieu ! ai-je ri !

MATHILDE.

En effet, tu as l'air bien gai, Léon.

LÉON.

Tiens, j'aurais donné, quoi... l'argent que je n'ai pas pour que tu eusses vu sa figure quand elle m'a aperçu déguisé en fantôme.

MATHILDE.

La figure de qui ?

LÉON.

De Mlle Opportune. Avant de partir, je voulais lui jouer un dernier tour. J'étais désolé, Médor était introuvable, et je me creusais la tête pour arriver à quelque chose de bien, quand j'ai fait une découverte qui m'a inspiré. Au fond du petit corridor il y a une porte; tu sais, Mathilde?

MATHILDE.

Oui, mais elle ne s'ouvre pas.

LÉON.

Elle s'ouvre ma chère, et je me suis trouvé dans la chambre de Mlle Opportune, qui ne se doute pas de cette issue secrète. Je suis revenu, j'ai préparé un habit de fantôme, et, au jour tombant, je me suis glissé dans le petit corridor. Suzon, qui me croyait sorti, m'a malheureusement aperçu ; mais je la connais, elle a peur de son ombre. J'ai crié hou ! hou ! sur un ton lugubre, et elle s'est échappée comme si elle avait une légion de diables à ses trousses, ce qui m'a permis de jouer mon rôle de revenant d'une manière complète. Sais-tu qu'elle est brave, notre voisine? elle les avait tous armés en guerre, Suzon, le père Nicodème ; Médor seul ne portait rien. Quand elle a ouvert la porte, elle brandissait un vieux sabre rouillé qu'elle a jeté en m'apercevant. Je me suis sauvé par la petite porte, et me voici.

MATHILDE.

Cela t'amuse donc bien de faire enrager les gens, Léon?

LÉON.

Oui, elle surtout, cette égoïste, cette avare, qui n'a d'argent, de tendresse et d'égards que pour elle et son chien. Ce matin, elle m'a révolté au point que j'aurais voulu la pousser par les deux épaules vers la porte. Et puis, te l'avouerai-je? j'ai un peu besoin de m'étourdir; je suis bien résolu à m'engager, mais cela ne m'en met pas moins le cœur à l'envers.

MATHILDE.

Alors pourquoi persistes-tu dans ce projet qui nous désole?

LÉON.

Pourquoi? parce que je l'ai dit au lycée, et parce que la vie sérieuse que je mène ici m'ennuie.

MATHILDE.

Léon!

LÉON.

Comprends bien; ce n'est pas vous qui m'ennuyez, c'est la vie que vous menez. A dix-huit ans, quand on n'est pas libre, qu'on n'a pas le sou dans la poche, ma foi, ça n'est pas gai, et ma tante ne comprend pas qu'un homme de mon âge ne peut pas être traité comme un petit garçon.

MATHILDE.

Tu es injuste, ma tante agit sagement avec nous.

LÉON, pensivement.

Je ne dis pas non; mais pourquoi ne me laisse-t-elle pas jouir davantage de ma liberté?

MATHILDE.

Parce que tu en abuserais.

LÉON.

Crois-tu ! Voyez donc cette petite fille !

MATHILDE.

Parlons sérieusement, Léon. Si ma tante te donnait de l'argent sans s'inquiéter de savoir comment tu le dépenserais, si elle n'exigeait pas que tu suivisses régulièrement tes cours, tu n'aurais pas la moindre envie de nous quitter. Or il faut que tu te crées un avenir, il faut que tu marches droit dans la vie, et elle ne peut pas, en conscience, être complice de tes caprices et de ta paresse. Tu ne veux pas te soumettre à ses sages conseils et tu te plains. Ce n'est pas assez qu'elle t'ait soigné dans tes maladies, nourri, logé, gouverné, amusé comme son propre enfant. Son autorité douce, mais ferme, devient gênante, tu t'y soustrais sans hésiter, et pour subir un joug cent fois plus dur, le docteur te l'a dit.

LÉON.

Quelle sœur éloquente j'ai là ! Je ne dis pas qu'il n'y ait pas un peu de vrai dans ce que tu avances, mais le sort en est jeté...

SCÈNE II

Les Mêmes, MADEMOISELLE VALVERT.

MADEMOISELLE VALVERT.

Comme tu es rouge, Mathilde, es-tu souffrante ?

MATHILDE.

Non, ma tante.

MADEMOISELLE VALVERT, regardant sa montre.

Tu devrais être à la leçon d'allemand, Léon.

LÉON, d'un air léger.

Mon Dieu, ma tante, maintenant une leçon de plus ou de moins ne signifie pas grand'chose. (A Mathilde, qui le regarde d'un air suppliant.) As-tu besoin de ce tabouret que tu me pousses dans les jambes ?

MATHILDE.

Mon pied a glissé.

MADEMOISELLE VALVERT.

Et le tabouret est allé frapper Léon pour l'arrêter court dans ses paroles, malheureusement trop claires pour moi. Je rends justice à tes bonnes intentions, Mathilde ; mais il vaut beaucoup mieux nous expliquer une bonne fois. Léon, ta conduite, je te le dis franchement, me fait beaucoup de peine. Voilà huit jours que tu négliges complètement tout travail. S'agit-il de me préparer à ce projet d'engagement que je ne puis regarder comme sérieux?

LÉON.

Ma tante, je vous l'affirme, rien n'est plus sérieux, et, s'il faut vous l'avouer, je n'ai pas mis les pieds au lycée depuis hier.

MATHILDE, tournant vivement la tête.

D'où partent ces cris ? N'entendez-vous pas ?

MADEMOISELLE VALVERT.

Mais si, que qu'un pleure. Je crois reconnaître la voix de Mlle Opportune. Son frère était plus mal; on est venu chercher M. Jessy. Je vais voir ce que c'est.

LÉON.

C'est inutile, ma tante, elle descend l'escalier. (Il court à la porte, l'ouvre, et se tournant vers les deux femmes :) La voici tout en larmes; le pauvre monsieur Nicodème est mort sans doute.

Il salue et se range pour laisser passer Mlle Opportune.

SCÈNE III

Les Mêmes, MADEMOISELLE OPPORTUNE.

MADEMOISELLE OPPORTUNE, la figure dans son mouchoir.

Ah ! Mademoiselle, quel malheur ! quel affreux malheur ! je ne puis plus rester chez moi.

MADEMOISELLE VALVERT, lui prenant le bras
et la conduisant à un fauteuil.

Je prends, croyez-le bien, mademoiselle, une vive part à votre chagrin. Hélas ! les douleurs fondent sur nous au moment où nous nous y attendons le moins. Rien ne vous avait préparée à cette perte.

MADEMOISELLE OPPORTUNE.

Son état m'inquiétait depuis quelque temps, il **avait fréquemment des crises nerveuses très fortes, mais je** ne supposais pas que cela eût fini ainsi.

MADEMOISELLE VALVERT.

Allons, mademoiselle, ne vous laissez pas abattre, résignez-vous...

MADEMOISELLE OPPORTUNE.

Ah! Mademoiselle, je ne me consolerai jamais; il était si doux, si caressant.

MADEMOISELLE VALVERT.

C'est vrai; mais vous le savez, les regrets ne sont pas éternels; avec le temps vous vous ferez à cette absence.

MADEMOISELLE OPPORTUNE.

Jamais, mademoiselle, jamais.

MADEMOISELLE VALVERT.

Je vous trouve beaucoup moins calme que je ne m'y serais attendue. (A Léon.) Il faudrait cependant faire prévenir la famille. (A Mlle Opportune.) Oui, beaucoup moins calme.

MADEMOISELLE OPPORTUNE.

Songez donc que c'était le seul être qui m'aimât, le seul que j'aimasse moi-même. Cette mort fait dans ma vie un vide qui ne sera jamais rempli.

MADEMOISELLE VALVERT.

Oh! certainement; mais vous ne pouviez espérer le conserver longtemps; il avait une si mauvaise santé!

MADEMOISELLE OPPORTUNE.

Lui! Il était d'un tempérament délicat, mais non maladif. Il a succombé à sa première maladie.

MADEMOISELLE VALVERT.

Mais ses infirmités?

MADEMOISELLE OPPORTUNE.

Il n'en avait aucune, mademoiselle.

MADEMOISELLE VALVERT.

Je crois que vous ne m'avez pas bien comprise; je parle des infirmités qui étaient le résultat de son âge avancé.

MADEMOISELLE OPPORTUNE, vivement.

Comment, une bête de quatre ans à peine!

LÉON, avec un éclat de rire.

Ma tante, c'est l'âge de Médor.

MADEMOISELLE VALVERT.

Quoi! mademoiselle, ce n'est pas M. Nicodème que vous avez perdu?

MADEMOISELLE OPPORTUNE.

Nicodème! Ah! mademoiselle, avez-vous pu croire un instant que je regrettasse à ce point le pauvre Nicodème?

LÉON.

Vous m'aviez chargé de faire prévenir la famille, ma tante, j'y cours.

MADEMOISELLE VALVERT.

C'est assez plaisanter, Léon. (A Mlle Opportune). Mademoiselle, je vous demanderai de faire trêve à votre douleur, et puisque vous voilà, de vouloir bien m'accompagner chez notre propriétaire pour régler, à propos du jardin, le différend qui nous occupe.

MADEMOISELLE OPPORTUNE, se levant.

Ce n'est pas aujourd'hui que je pourrais m'occuper d'affaires, mademoiselle. Libre à vous de me prévenir plus tard, je défendrai mes droits.

MADEMOISELLE VALVERT, qui l'a suivie jusqu'à la porte.

Léon, attends-moi quelques instants.

Elle sort.

SCÈNE IV

MATHILDE, LÉON, MONSIEUR JESSY.

MONSIEUR JESSY.

Bonjour, mes enfants; j'entre en passant. Eh bien? qu'avez-vous à rire?

LÉON.

Ah! docteur, si vous saviez!

MONSIEUR JESSY.

Je sais beaucoup de choses, mais qui ne me semblent pas plaisantes, je dois le dire.

LÉON.

Mathilde, raconte au docteur la scène de tout à l'heure; il a l'air tout fâché.

MATHILDE.

Figurez-vous, monsieur, que notre voisine est arrivée ici dans un état violent. Ma tante, qui avait entendu Suzon vous prier de passer chez elle pour voir

M. Nicodème, qui était fort mal, disait-elle, a cru que c'était lui qu'elle pleurait. Ce n'est qu'après lui avoir prodigué mille consolations qu'elle a appris que le défunt n'était autre que Médor.

LÉON.

Et ma tante, qui songeait déjà à faire prévenir les membres de la famille, en a été atterrée. Au fait, j'ai bien envie d'aller faire un tour en ville, de siffler tous les chiens que je rencontrerai, d'en amener une troupe ici et de les enfermer chez Mlle Opportune. Ce serait charmant.

MATHILDE.

Oui, mais cela mécontenterait ma tante, et je te prie de n'en rien faire.

LÉON.

J'aurais dû agir sans te consulter. Docteur, vous le savez, notre voisine est la plus insupportable des créatures, et je profite de toutes les occasions qui se présentent pour la molester un peu. Est-ce que c'est un mal, voyons?

MONSIEUR JESSY.

Je ne me ferai jamais l'avocat de Mlle Opportune, son égoïsme me révolte.

LÉON.

Et moi aussi, je l'ai positivement en horreur.

MONSIEUR JESSY.

En vérité, jeune homme?

LÉON.

Mais sans doute, docteur, personne plus que moi ne méprise les égoïstes.

MONSIEUR JESSY, sévèrement.

Vous parlez très bien ; comment agissez-vous ? Vous agissez comme elle, absolument comme elle. Ce matin vous avez été révolté de sa conduite, pour moi je trouve qu'elle a bien fait.

LÉON, avec embarras.

Docteur, cela n'est pas possible.

MONSIEUR JESSY, le regardant en face.

Votre étonnement me surprend, Léon. Je connais une femme qui s'est montrée aussi dévouée que Mlle Opportune s'est montrée sans cœur, elle n'a pas repoussé les enfants de son frère, elle les a accueillis, elle a renoncé à son avenir pour eux, elle est devenue la meilleure des mères. Les médecins connaissent mieux que personne les dévouements vrais et les sacrifices réels qui se cachent à l'intérieur des familles : le foyer domestique leur est ouvert, et il y a peu de caractères qu'ils ne devinent. J'ai donc vu de près la personne dont je vous parle, je l'ai vue entre ces deux berceaux, j'ai vu ses angoisses quand la maladie les visitait, j'ai été témoin de ses fatigues, de sa douceur intelligente et inaltérable, de ses sacrifices, et, après l'avoir admirée, je me vois aujourd'hui forcé d'avouer qu'elle a mal fait, oui, mal fait.

LÉON, en baissant la tête.

Pourquoi, docteur?

MONSIEUR JESSY, énergiquement.

Parce qu'un des enfants, devenu grand, ne se montre qu'un ingrat, parce que ce petit être, élevé avec tant d'amour et tant de sagesse, veut fuir, maintenant qu'il touche à l'âge d'homme et qu'il peut se montrer efficacement reconnaissant, parce que je devine les souffrances intimes de cette pauvre femme, qui, lorsque je lui ai parlé, a voulu défendre l'ingrat et trouver des excuses à son inqualifiable conduite. Il sera le premier puni, c'est vrai; mais il n'en aura pas moins brisé le cœur le plus aimant et le plus dévoué que j'aie rencontré dans ma longue carrière. Et quand je parle de dévouement, je ne parle pas du dévouement aveugle, banal, doublé d'étranges égoïsmes qui se rencontre chez tant de parents, je parle de la véritable abnégation, toute tissée de sacrifices personnels généreusement accomplis.

SCÈNE V

Les Mêmes, MADEMOISELLE VALVERT.

MADEMOISELLE VALVERT.

Vous avez l'air tout ému, docteur, et vous parlez avec une animation qui ne vous est pas ordinaire. Que disiez-vous?

MONSIEUR JESSY.

Oh! rien d'intéressant. J'établissais une petite comparaison, et je m'amusais à expliquer à ces jeunes gens comment sous le même toit se rencontrent des gens de vies et de caractères différents.

MATHILDE, se levant.

Et ce que le docteur disait était bien vrai. (Elle prend la main de sa tante.) Chère tante, quelle différence il y a entre Mlle Opportune et toi!

MADEMOISELLE VALVERT, avec un soupir.

J'ai essayé de rendre ma vie moins inutile que la sienne. Mes intentions ont été droites, et si je ne recueille pas l'amour là où j'ai semé l'amour, je n'en accuse personne. (A Léon qui s'est levé.) Où vas-tu, Léon? tu sais que j'ai à te parler.

LÉON.

Une autre fois, ma tante, je veux voir mon professeur d'allemand et lui annoncer que désormais je serai exact. (Il prend ses livres et s'approche tout à coup de sa tante.) J'étais un fou, embrasse-moi et pardonne-moi.

MADEMOISELLE VALVERT, nouant ses deux mains autour de son cou.

Tu ne nous feras plus de chagrin, Léon?

LÉON.

Jamais, je te le jure!

FAIS CE QUE DOIS

ADVIENNE QUE POURRA

UN ACTE

PERSONNAGES :

M. CHARLES RECCART.
Mme RECCART.
Mme DERBOIS, leur fille.
M. ROGER DERBOIS, leur gendre.
FRANCIS RECCART, leur fils.
M. ANDRÉ RECCART, frère de M. Reccart.
JACQUES BARRAU, jeune fermier.

Le théâtre représente le salon d'une maison de campagne. Une dame assise auprès d'un guéridon feuillette un album.

ACTE PREMIER

SCÈNE PREMIÈRE

MADAME RECCART, MONSIEUR RECCART.

MONSIEUR RECCART jetant un paquet de bulletins sur le guéridon.

Je n'en puis plus, c'est affreux.

MADAME RECCART.

Qu'est-ce que tout cela ?

MONSIEUR RECCART.

Des bulletins de vote. As-tu oublié, toi aussi, que c'est aujourd'hui le 26 ?

MADAME RECCART.

Pardon, mon ami, ce n'était qu'un oubli momentané. Tu sais à quel point je partage tes idées sur ce système absurde d'abstention qui met les affaires publiques aux mains du premier venu. Les choses vont donc mal à la mairie ?

MONSIEUR RECCART.

Parfaitement mal. Nos adversaires, à quelque classe sociale qu'ils appartiennent, les riches et les misérables, les capables et les incapables votent tous comme un seul homme. Ceux qu'on nomme les conservateurs sont ailleurs.

MADAME RECCART.

Mais où ?

MONSIEUR RECCART.

A leurs affaires, à leurs plaisirs, à leurs riens. Il n'y a plus d'esprit public en France, il n'y a plus de patriotisme, il n'y a plus de citoyens, il n'y a plus d'hommes.

MADAME RECCART, pensivement.

Parce qu'il n'y a plus de foi. La foi c'est le foyer d'où rayonnent le patriotisme et l'esprit de sacrifice. Maintenant les rayons sont isolés de leur foyer, ils s'affaiblissent, et il ne reste plus que des individualités égoïstes.

MONSIEUR RECCART.

Absolument. Les ambitieux font voter pour arriver, les conservateurs ne votent pas pour ne pas se déranger; mais agir pour le pays, pour son honneur, sa prépondérance, son salut, car enfin il s'agit maintenant de son salut, personne n'en est plus capable.

MADAME RECCART.

Personne, Charles, n'est-ce pas beaucoup dire?

MONSIEUR RECCART.

Ce n'est pas trop dire. A quoi bon s'aveugler, l'indifférence est partout.

MADAME RECCART.

Allons, Charles, pas chez nous, du moins.

MONSIEUR RECCART, se rapprochant d'elle.

Chez nous, elle est même chez nous. Qui trouves-tu de plus indifférents en politique que ton fils et ton gendre ?

MADAME RECCART.

En politique générale je ne dis pas ; mais jusqu'ici ils t'ont suivi au scrutin.

MONSIEUR RECCART.

Pas toujours, et aujourd'hui ils m'ont déclaré qu'ils n'étaient pas libres de s'y rendre.

MADAME RECCART, vivement.

C'est impossible. Comment, pour une élection de cette importance ils te feraient faux bond ?

MONSIEUR RECCART.

Ma chère amie, rien n'est important pour eux.

MADAME RECCART.

Charles, tu exagères. Parlons avec calme. Les as-tu vus ce matin ?

MONSIEUR RECCART.

Je les ai vus, je leur ai parlé.

MADAME RECCART.

Roger Derbois devait t'accompagner en ville?

MONSIEUR RECCART, ironiquement.

Oui, il voulait acheter du chocolat praliné pour sa fille;

MADAME RECCART.

Mais l'un n'empêche pas l'autre, on peut acheter du chocolat praliné et déposer un bulletin de vote dans une urne.

MONSIEUR RECCART.

Sans doute, et c'était bien son intention, mais il a oublié. Tu comprends... une chose aussi banale, aussi peu importante, on la fait après le reste... et on l'oublie.

MADAME RECCART.

C'est vraiment très mal; mais Roger peut retourner voter tantôt. A quelle heure ferme le scrutin ?

MONSIEUR RECCART.

A six heures.

MADAME RECCART.

Il a le temps, grandement le temps d'y retourner.

MONSIEUR RECCART.

Il ne l'a pas et il ne retournera pas.

MADAME RECCART.

Pourquoi ?

MONSIEUR RECCART.

Parce qu'il va faire sa visite hebdomadaire à sa fille et lui porter le chocolat praliné. Voilà où nous en sommes. Les meilleurs en sont là.

MADAME RECCART.

C'est un peu fort. Tu es sûr qu'il va à Sainte-Anne aujourd'hui ?

MONSIEUR RECCART.

J'en suis sûr, il me l'a déclaré formellement.

MADAME RECCART.

C'est ce que nous verrons. Et Francis ?

MONSIEUR RECCART.

Pour ton fils c'est autre chose, il est absorbé par sa chasse à courre.

MADAME RECCART.

Oh! ceci est encore plus déraisonnable. Charles, fais-lui des observations.

MONSIEUR RECCART.

Depuis ce matin je lui en fais, il résiste le plus respectueusement qu'il peut; mais il résiste. Il est attendu, il a de nouveaux chiens à exercer, il fâcherait certainement ses amis. Et le reste.

MADAME RECCART.

Tu devais insister et ne pas accepter ces prétextes qui, vraiment, ne sont pas acceptables.

MONSIEUR RECCART, avec impatience.

Je devais me taire et c'est ce que j'ai fait.

MADAME RECCART.

Charles, parle plus clairement, ces choses au fond sont graves.

MONSIEUR RECCART.

Certainement très graves. J'ai donc fait ce que j'ai pu près de Francis pour l'emmener en ville, j'ai perdu mes paroles et mon temps. Ton fils, ma chère, il faut bien te l'avouer, fait de très rapides progrès dans une certaine indépendance. En cette occasion, j'ai eu à me plaindre de sa vivacité. Il n'y a pas à dire, le plaisir est tout désormais pour ces jeunes gens. Francis ne se dérangera pas pour aller voter.

MADAME RECCART.

C'est ce que nous verrons encore. Ne voudrais-tu pas lui redemander en mon nom de t'accompagner à la mairie ?

MONSIEUR RECCART.

Non. J'ai fait ce que j'ai dû, plus que je ne devais peut-être. Il me semble que je compromettrais ma dignité paternelle en m'attirant un nouveau refus. J'aurais d'ailleurs mauvaise grâce à insister près de Francis. Il voit comment agit son beau-frère et il a entendu ce matin mon frère déclarer que rien ne lui était plus indifférent que cette élection.

MADAME RECCART.

Ton frère aussi ! lui si ardent d'habitude dans les luttes électorales.

MONSIEUR RECCART.

Oui ; mais comme on n'a pas choisi le candidat de son choix, il va jusqu'à désirer que notre adversaire l'emporte.

MADAME RECCART.

Mais cet égoïsme est une absurdité, surtout en ce moment.

MONSIEUR RECCART.

Eh ! oui ; mais c'est ainsi. Si cela continue la France

est déshonorée, perdue, car enfin c'est d'elle qu'il s'agit, c'est notre existence en tant que grande nation qui est en jeu. Nous sommes déjà assez abaissés devant l'Europe; qu'au moins notre représentation nationale puisse tenir haut le drapeau de notre honneur qui n'a pas failli. Or, maintenant, c'est à la représentation nationale que s'attaquent les escamotages politiques. Si l'on dit : tel père tel fils, ne peut-on pas dire : tels gouvernants, tel peuple. Nommer un député, mais c'est une question vitale à cette heure, il nous faut des hommes capables, des hommes sérieux, des hommes indépendants, des hommes indomptables. Et quand j'entends dans ma propre maison traiter aussi légèrement une question aussi grave, quand je vois mettre des niaiseries en parallèle d'un grand devoir de citoyen, je me prends à désespérer de nous. (Prêtant l'oreille.) Voici ton fils, je te laisse avec lui, il me serait impossible de ne pas laisser paraître mon irritation et je déteste les scènes stériles.

SCÈNE II

MADAME RECCART, FRANCIS.

FRANCIS.

Bonjour, mère, je ne t'ai pas revue depuis ce matin.

MADAME RECCART.

Bonjour, mon fils. Au fait, je ne t'ai pas aperçu non plus. Que faisais-tu donc de si important?

FRANCIS.

Je faisais l'armurier. Le pauvre Jean soigne mes armes en dépit du bon sens. C'est un excellent garçon, et il s'est très bien battu à mes côtés à Loigny; mais il n'est pas fort, ni soigneux surtout.

MADAME RECCART.

Ah! Francis, Loigny! que de souvenirs dans ce simple mot! Mon cœur en a le frisson.

FRANCIS.

Et moi, j'en tressaille aussi quelque peu. Ces balles! cette mitraille! ce sang! ce carnage! ces cris! cette rage! On vivrait mille ans, vois-tu, mère, qu'on n'oublierait pas ces heures-là. Se retrouver vivant après de telles expéditions, cela tient du miracle.

MADAME RECCART.

Et cela remplit le cœur de reconnaissance. Mon Dieu, à quels dévouements pousse le patriotisme! Comme on aime cette pauvre France cependant!

FRANCIS.

La patrie, vois-tu, mère! cela dit tout. Pour mon compte, je ne me serais jamais cru capable de tant de haine; mais quand je pensais que ces étrangers insolents foulaient notre sol en vainqueurs, je me sentais devenir d'une vaillance féroce.

MADAME RECCART.

On défend toujours héroïquement ce qu'on aime profondément et les sacrifices ne coûtent pas quand on aime.

FRANCIS.

C'est certain. Qu'est-ce que ce tas de papier que tu as là sur le guéridon, mère ?

MADAME RECCART.

Ce sont des cartes électorales. Tiens, en voilà une.

FRANCIS, reculant.

Merci, laisse un peu passer sous silence ma solennelle qualité d'électeur, je te prie. J'ai entendu tant d'algarades paternelles depuis ce matin à propos de ces maudites élections que j'en ai par-dessus la tête.

MADAME RECCART.

Francis, peux-tu parler ainsi. Je n'admettrai jamais que tu donnes l'exemple de cet absentéisme qui a déjà produit de si tristes résultats dans notre pays.

FRANCIS, arpentant le salon.

Ne l'admets pas en thèse générale, je le veux bien ; mais admets-le dans les cas particuliers. Il y a des exceptions à tout, et d'ailleurs, jamais je n'ai senti ce zèle électoral dévorant qui consume mon excellent père.

MADAME RECCART.

Parce que tu n'as ni sa puissance de réflexion, ni son expérience. En temps ordinaire, je consentirais peut-être à fermer les yeux sur ta jeune indifférence ;

mais les temps sont graves, mon fils, est-il besoin de te le rappeler?

FRANCIS.

Eh non; mais que fera une voix de plus dans ce scrutin?

MADAME RECCART.

Si tous les électeurs raisonnaient ainsi, il serait inutile de l'ouvrir.

FRANCIS.

Ce qui ne serait pas dommage, car s'il y a une chose stupide au monde, c'est ce suffrage universel qui donne parfois des résultats si préparés et si faux.

MADAME RECCART.

Je ne discute pas cette question brûlante du suffrage universel; mais enfin, puisqu'il existe, comme institution politique, il faut s'en servir.

FRANCIS.

Je n'empêche pas les autres de s'en servir, mais du tout, et si je n'avais pas une partie de chasse à courre, j'irais bien volontiers, pour faire plaisir à mon père, jeter mon billet de vote dans l'urne municipale. Ayant affaire ailleurs, je n'use pas de mon droit, voilà tout.

MADAME RECCART.

Et tu n'accomplis pas ton devoir.

FRANCIS.

Est-ce bien un devoir?...

MADAME RECCART, sérieusement.

C'est un devoir rigoureux. Dans ta campagne militaire qu'aurais-tu dit, Francis, si à la place d'un général connu par son expérience, ou d'un homme nouveau se révélant par un trait de génie, on avait nommé pour commander ton corps d'armée le premier ambitieux venu, sans talent comme sans patriotisme.

FRANCIS.

J'aurais trouvé cela stupide. En définitive, comme c'est la tête qui organise et qui conduit, le succès dépend beaucoup des opérations que la tête ordonne.

MADAME RECCART.

Puisqu'il en est ainsi, je ne puis comprendre qu'il te soit indifférent de voir en quelles mains tombe la parcelle de pouvoir politique ou même administratif que tu es appelé à dispenser.

FRANCIS.

Je ne dis pas que nous n'ayons été maladroits bien souvent. Je dis nous quoique je puisse me laver les mains des choix dangereux qu'on a laissé faire autour de moi.

MADAME RECCART, lui tendant un bulletin.

Mon cher enfant, il ne s'agit pas en effet de réparer le passé qui est généralement irréparable, mais de sauvegarder le présent et surtout l'avenir. Et c'est pourquoi je te prie de prendre ce bulletin et d'aller voter afin d'obéir au proverbe qui est devenu la devise de ton père : Fais ce que dois, advienne que pourra.

FRANCIS, reculant.

Je suis désolé de te refuser ; mais cela m'est absolument impossible. Pour aller à la forêt je tourne le dos à la ville. Mes armes ne sont pas prêtes et je n'aurai que le temps de me rendre au lieu du rendez-vous. Tu conçois, mère, que je ne puis faire attendre ces messieurs, électeurs comme moi, d'ailleurs, et aussi peu préoccupés que moi des élections.

MADAME RECCART, lui tendant toujours le bulletin.

Tu pourrais chasser demain, Francis.

FRANCIS.

Et trouver les bonnes places prises et peut-être l'animal forcé. Non, te dis-je, garde ton bulletin, je ne puis pas, là franchement. Une autre fois, je te promets d'aller voter si cela te fait plaisir, aujourd'hui impossible. Pardonne-moi de te quitter, mais j'entends la voix de mon oncle, il me parlerait encore de cette assommante élection, il voudrait m'entraîner, car la rage du vote a pu le reprendre, et cela m'est impossible, absolument impossible.

MADAME RECCART.

Francis, tu ne veux pas me faire plaisir ?

FRANCIS, de la porte.

Je le voudrais, impossible.

SCÈNE III

MADAME RECCART,
MONSIEUR ANDRÉ RECCART.

MADAME RECCART.

Est-ce bien vous, André?

MONSIEUR ANDRÉ.

C'est bien moi. Vous savez que le dimanche j'étouffe entre les murs d'une ville et qu'il me faut aller respirer l'air des champs.

MADAME RECCART.

Oui, mais aujourd'hui!

MONSIEUR ANDRÉ.

Pourquoi pas aujourd'hui? Il a fait cette nuit une pluie douce qui a dû faire lever une masse de champignons dans vos prés des Étangs, et c'est, pardonnez-moi de vous le dire, dans l'intention de faire une bonne cueillette de ces petites oronges exquises que je suis venu flâner par ici.

MADAME RECCART.

Vous êtes le bienvenu; mais aujourd'hui 26 je ne vous attendais pas.

MONSIEUR ANDRÉ.

Aujourd'hui 26... Ah! j'y suis, vous pensiez que je m'occupais de l'élection de notre député.

MADAME RECCART.

Certainement, n'êtes-vous pas un des hommes qui comprennent la haute importance d'une bonne élection, qui combattent de tout leur pouvoir cette plaie de l'absentéisme qui se propage parmi nous ?

MONSIEUR ANDRÉ.

Il est certain que je me suis longtemps honoré du titre de courrier d'élection alors qu'il fallait soutenir l'opposition ; mais aujourd'hui j'ai fait comme les autres, je me suis abstenu.

MADAME RECCART.

Pourquoi ?

MONSIEUR ANDRÉ.

Parce que la pluie a fait pousser des oronges parfumées, ou plutôt parce qu'on a repoussé le candidat de notre choix. Votre mari a dû vous raconter notre déception à ce sujet.

MADAME RECCART.

I m'a dit en effet vous aviez voulu pousser en avant M. Levernel et que des dissentiments s'étant produits il avait été écarté.

MONSIEUR ANDRÉ.

Au dernier moment. Aussi j'ai dit : faites réussir cette élection si cela vous plaît, pour moi je ne m'en mêle plus.

MADAME RECCART.

Le candidat qui a été choisi n'a donc pas votre confiance, ni votre estime.

MONSIEUR ANDRÉ.

Pardon, il a l'une et l'autre; mais ce n'est pas mon homme. J'avais des engagements avec notre cousin Levernel que j'avais été le premier à pousser en avant pour la députation et qui m'en voudra certainement de son échec.

MADAME RECCART.

Un mécontentement de ce genre est bien vite passé.

MONSIEUR ANDRÉ.

Je vous avoue que je ne m'en préoccupe que très médiocrement; ce qui me tient le plus à cœur, c'est d'avoir vu rejeter si promptement une candidature à laquelle on savait que je tenais beaucoup. Aussi je l'ai dit sans détour à ces messieurs, qui me demandaient d'employer mon influence en faveur du candidat de leur choix : non seulement je n'influencerai personne, mais je ne jetterai même pas un billet de vote dans l'urne. En conscience je ne puis pas voter pour notre adversaire; mais ne voulant pas non plus donner ma voix à celui qu'on m'a préféré, je m'abstiens.

MADAME RECCART.

Très bien. La France en souffrira, la religion en souffrira, votre intérêt en souffrira, votre considération elle-même en souffrira, mais vous aurez satisfait une infiniment petite rancune.

MONSIEUR ANDRÉ.

Une fois en passant, vous savez qu'une fois n'est

pas coutume. Croyez bien que je n'ai pas l'intention d'autoriser plus tard, par mes actes, un absentéisme que j'ai toujours combattu.

MADAME RECCART.

Et savez-vous au juste combien de fois il vous sera donné d'exercer une certaine influence sur les affaires politiques de votre département?

MONSIEUR ANDRÉ.

Voilà une singulière question. Il ne faudrait rien moins qu'une révolution pour m'enlever ma légitime influence et nous sortons d'en prendre.

MADAME RECCART.

Nous n'en avons pas assez pris.

MONSIEUR ANDRÉ.

Dieu, que dites-vous là! Vous ne parlez pas sérieusement.

MADAME RECCART.

Très sérieusement. Ces événements sont déjà loin, savez-vous!

MONSIEUR ANDRÉ.

Loin, ma sœur, loin! Mais je ressens encore le contre-coup de ces affreuses convulsions; mais c'était hier que nous convulsionnions.

MADAME RECCART.

Hier est déjà oublié.

MONSIEUR ANDRÉ.

Oublié c'est beaucoup dire, il me semble.

MADAME RECCART.

Je voudrais me tromper, mais votre conduite même, mon cher André, me prouve clairement que je ne me trompe pas. Il faut que ce soit vous qui me parliez ainsi pour que je vous croie et je vous avoue que si la légèreté, qui malheureusement est proverbiale en France, gagne les hommes de votre âge et de votre caractère, je finirai par penser avec mon bon mari que nous sommes perdus.

MONSIEUR ANDRÉ.

Vous savez que Charles voit les choses en noir.

MADAME RECCART.

Vous savez qu'il est payé et que nous sommes tous payés pour ne pas les voir en rose. C'était hier, vous l'oubliez aussi.

MONSIEUR ANDRÉ.

Allons, vous voulez me remuer la conscience et troubler ma cueillette de champignons.

MADAME RECCART.

Moi, pas du tout. Les jours d'élections, cueillez des champignons, des violettes, couronnez-vous de roses, si le cœur vous en dit, mais faites vite, car les champignons et le reste pourront bien être cueillis pour la prochaine récolte et vous savez par qui.

MONSIEUR ANDRÉ se prenant le front entre les mains.

Mais aussi, comment sommes-nous gouvernés ? Que font pour la France les ministres, la Chambre, les...

MADAME RECCART l'interrompant.

C'est cela, prenez-vous en aux dieux, le jour même où vous ne remplissez pas le plus élémentaire, le plus facile des devoirs du citoyen.

MONSIEUR ANDRÉ.

Je ne vous ai jamais vue si... On frappe, il me semble.

MADAME RECCART.

Oui, à qui ce doigt novice? Entrez.

SCÈNE IV

LES MÊMES, JACQUES BARREAU en blouse, en sabots, un perpignon autour du cou.

MADAME RECCART.

C'est vous, mon bon Jacques, entrez, entrez.

JACQUES, mettant son chapeau à la main.

C'est que, not'maîtresse, mes sabots et votre tapis vont peut-être se chicaner.

MADAME RECCART.

Je voudrais bien voir que mon tapis se permît de chicaner d'honnêtes sabots comme les vôtres. Entrez, vous dis-je.

JACQUES.

C'est égal, sauf votre respect, je les tire.

Il tire ses sabots et s'avance sur ses bas.

MADAME RECCART.

Comment va-t'on chez vous, Jacques?

JACQUES.

Tout à la douce. Ma mère a ses douleurs qui ne la quittent pas. Mais c'est une sainte femme qui prend les choses comme le bon Dieu les fait.

MADAME RECCART.

Après avoir rudement travaillé et mis en action le proverbe : aide-toi, le ciel t'aidera.

JACQUES.

Pour ça, oui.

MADAME RECCART.

Et comment se fait-il que vous soyez en route un dimanche, Jacques?

JACQUES.

Ne savez-vous pas, not'maîtresse, que c'est aujourd'hui le jour de la voterie.

MADAME RECCART regardant son beau-frère.

Nous en parlions quand vous êtes entré. Je suis vraiment très heureuse de vous voir si fidèle à venir voter, Jacques. Vous ne craignez pas votre peine, ni votre dérangement quand il s'agit d'accomplir ce devoir?

JACQUES, se grattant la tête.

Pour le dire vrai, not'maîtresse, nous sommes par chez nous bien ennuyés de ces voteries-là; mais depuis le feu de Paris et la tuerie des saints prêtres, nos femmes, qui ne les aimaient pas non plus à cause que c'est une occasion de boire des chopines de trop, nous y poussent par les épaules. Aujourd'hui je ne voulais pas trop venir à la ville, ma mère m'a tant gourmandé sur ma paresse et m'a tant dit qu'il fallait venir donner ma voix que je suis venu.

MADAME RECCART.

Pour qui avez-vous voté, Jacques ?

JACQUES.

La drôle d'affaire est que je n'ai pas voté.

MADAME RECCART.

Comment cela ?

JACQUES.

En route j'ai rencontré le maître de la poste avec qui je suis en marché de fourrages. Il a voulu m'emmener finir le marché ; je disais non, d'abord parce que c'était dimanche, et puis parce que je voulais aller voter. Mais c'est un fin compère. Vlà qu'il a avisé des messieurs qui s'en allaient chasser avec leurs chiens et leurs trompettes et qu'il m'a dit : « Jacques, t'es un sot d'aller perdre ton temps à voter. En voilà qui s'en vont s'amuser et qui se moquent pas mal de la voterie. Viens-t'en boire une bollée et finir notre marché. » Dame ! j'ai pensé que puisque ces jeunes messieurs-là ne se dérangeaient pas pour voter, un psysan comme moi n'était pas tenu de le faire. Le bourgeois m'a entraîné au cabaret, nous avons fait le marché, il a payé et je suis venu porter la moitié à M. Reccart en m'en allant.

MADAME RECCART.

Voilà une journée dont l'emploi a bien changé de caractère, Jacques. Il aurait mieux fallu ne pas faire d'affaires un dimanche et aller donner votre voix pour que nous ayons un bon député.

JACQUES.

Le maître de poste m'a dit qu'ils se valaient bien tous.

MADAME RECCART.

Le maître de poste a peut-être ses raisons pour le faire croire; mais si, quand il s'agit de nommer un maire, je vous disais à vous, Jacques, qui êtes conseiller municipal dans votre commune qui ne vous en occupez pas : ils se valent bien tous, qu'est-ce que vous me répondriez ?

JACQUES.

Qu'il y a pourtant une différence entre les hommes, madame, et qu'un feignant ne vaut pas un travailleur, et qu'un ivrogne ne vaut pas un homme de conduite.

MADAME RECCART.

Là, voyez-vous. Eh bien, pour les députés, c'est la même chose. On choisit son homme parmi les plus capables et les plus estimés. Seulement, si après l'avoir choisi, on ne va pas voter pour lui, c'est l'autre qui passe.

JACQUES.

C'est la vérité, madame, et j'ai bien remarqué, que les honnêtes gens ne se dérangent pas assez par le temps qui court. Ceux qui votent pour de l'argent, pour une bollée, pour un petit verre sont toujours à leur affaire, il le faut bien, et nous autres qui ne vendons pas notre voix, nous agissons en feignants.

MADAME RECCART.

Et vous faites très mal, Jacques, ne tirez pas votre bourse, c'est inutile. Je ne reçois pas mes fermages le dimanche sans nécessité. Pour qui avez-vous l'intention de voter?

JACQUES.

Pour M. Clément, qui est un homme bien juste, bien serviable, un homme de foi, quoi!

MADAME RECCART.

Très bien. Allez manger un morceau et revenez dans un quart d'heure, je vous donnerai un bulletin et vous retournerez par la ville. Cela vous fera faire un petit détour; mais la chose en vaut la peine.

JACQUES.

Oui, madame, et en arrivant chez nous je ne serai pas réprimandé.

MADAME RECCART.

Parce que vous aurez fait votre devoir. Ah! un instant, j'ai brodé un bonnet à votre petit garçon. Portez-le de ma part à votre femme, s'il vous plaît.

Elle lui tend un petit bonnet.

JACQUES *le plaçant sur son poing.*

Merci, not'maîtresse, vlà un beau bonnet pour l'enfant qui est un brave [1] petit gars. Ma femme sera fière de le montrer. Mais je ne vois pas la mèche !

MADAME RECCART.

Une mèche ?

JACQUES.

Oui, not'maîtresse, chez nous c'est la mode que les garçons aient une petite houppe au haut de leur bonnet.

MADAME RECCART.

Ah ! je m'en souviens, une houppe de laine rouge, n'est-ce pas ?

JACQUES.

Justement.

MADAME RECCART.

Rendez-moi le bonnet, je l'enverrai plus tard avec la mèche. A tantôt, Jacques.

JACQUES.

A bientôt, not'maîtresse.

MADAME RECCART à son beau-frère qui s'est levé.

Ah ! mais André, vous avez oublié vos champignons.

MONSIEUR ANDRÉ.

J'y cours si vous le permettez.

Il sort avec Jacques.

1. En patois *beau*.

SCÈNE V

MADAME RECCART.

Voilà donc comment se prêche l'indifférence au peuple? Par l'exemple? Voilà comment on l'influence! J'éprouve une véritable douleur de ces choses, moi qui ne suis qu'une femme. Eh bien! que les femmes prennent les intérêts de la patrie en main, qu'elles combattent enfin résolument à leur propre foyer les théories égoïstes et dissolvantes. Mon Dieu, mon Dieu, nous sommes trop faibles; nous ne savons plus rien exiger de nos enfants et c'est ainsi qu'ils glissent insensiblement et comme à notre insu sur toutes les pentes fatales. En définitive, je n'ai ici à combattre que la paresse. Mon gendre et Francis partagent librement l'opinion de leur père, mais ils n'ont pas le courage d'accomplir de légers sacrifices. Francis a pu refuser de me faire plaisir, il est de mon devoir de faire acte d'autorité quoi qu'il m'en coûte.

Elle se lève comme pour sortir et se rassoit.

SCÈNE VI

MADAME RECCART, MADAME DERBOIS.

MADAME DERBOIS.

Qu'as-tu donc fait à Francis, mère? il est affreusement grognon.

MADAME RECCART.

Je l'ai placé entre son devoir et son plaisir et je suis bien aise qu'il ne cède pas sans combat. Renonce-t-il à partir?

MADAME DERBOIS.

Non, il part, il fait coupler ses chiens, il fait brosser ses harnais, il va, il vient, donnant des ordres, mais il est furieux, inabordable.

MADAME RECCART.

C'est toujours quelque chose. Que fait ton mari?

MADAME DERBOIS.

Il prépare aussi son voyage et il est aussi de fort mauvaise humeur. Il m'a querellé parce que le chocolat praliné qu'il a acheté pour sa fille a un peu fondu dans le sac. J'ai cherché une boîte qui ne lui a pas convenu et en ce moment il bouleverse tout dans son appartement pour en trouver une. Ces jours d'élections deviennent vraiment des jours de purgatoire.

MADAME RECCART.

Parce qu'ils touchent aux petits égoïsmes intimes qui sont quelquefois plus susceptibles que les grands.

MADAME DERBOIS.

C'est affreux. Enfin je l'ai dit à Roger : Fais comme pour la messe paroissiale du dimanche et donne généreusement à ton pays le peu de temps qu'il te réclame. Les hommes deviennent d'une mollesse qu'on peut appeler énervante et les affaires publiques ne sont pas les seules à s'en ressentir, peu à peu cette paresse descend dans les affaires privées, et si nous n'étions pas là, ces messieurs laisseraient tout aller à la dérive. Fumer d'un air béat, lire leur journal, et encore pas le bon, aller à leur cercle perdre leur argent, quereller leur femme, leurs enfants, leurs domestiques, voilà maintenant à quoi se passent leurs journées. Je t'assure, mère, que cela me navre et m'inquiète.

MADAME RECCART.

Et moi aussi. Enfin, ma fille, réagissons, et disons-nous que le rôle des femmes intelligentes doit s'accentuer dans la société française. Nous avons reçu tout dernièrement le baptême du feu, gardons-en la consécration et rappelons doucement, mais énergiquement à leurs devoirs quotidiens ceux qui s'en écartent. N'entends-je pas la voix de ton mari?

MADAME DERBOIS.

Si, il vient sans doute prendre congé de toi. Je t'en supplie, ne lui dis rien, ne lui parle pas d'élections surtout, le mot seul le met en rage.

MADAME RECCART, gravement.

Je me suis cependant promis à moi-même qu'aujourd'hui tous ceux sur lesquels j'ai une ombre d'autorité accompliront ce devoir; mais sois tranquille, je connais ton mari, je sais que je n'ai pas le droit de commander. Je suivrai simplement mon inspiration pour essayer de le retenir.

MADAME DERBOIS.

Je me fie à toi ; mais je me sauve, il croirait que nous complotons de l'asservir et il partirait à quatre chevaux.

Elle sort.

SCÈNE VII

MADAME RECCART, MONSIEUR DERBOIS.

MADAME RECCART.

Que m'apportez-vous là, Roger?

MONSIEUR DERBOIS.

Ma mère, cette boîte est pour ma fille à laquelle je vais faire ma petite visite hebdomadaire.

MADAME RECCART.

Avec votre femme?

MONSIEUR DERBOIS.

Sans ma femme. Elle s'est imaginé de rester parce que son père tout enfiévré d'élections est d'assez méchante humeur. Vous savez que Berthe a peur d'un froncement de sourcils de M. Reccart. Pour moi, je regrette fort de ne pouvoir lui être agréable; mais les affaires publiques ne me regardant pas, il me plaît de faire passer avant mes affaires privées. Je ne suis pas un homme politique, je ne me pose pas en homme politique, donc je ne me prive pas de voir ma fille en l'honneur de la politique. Mais pardon, je parle bien fort, vous paraissez souffrante, ma mère.

MADAME RECCART.

Je suis plutôt impressionnée que souffrante, Roger.

MONSIEUR DERBOIS.

Impressionnée! pourquoi?

MADAME RECCART.

Mon ami, j'ai une assez mauvaise nouvelle à vous annoncer.

MONSIEUR DERBOIS.

A moi!

MADAME RECCART.

A vous.

MONSIEUR DERBOIS vivement.

Qu'est-ce? Dites vite, je vous prie. De quoi, de qui s'agit-il?

MADAME RECCART.

De quelqu'un que vous aimez.

MONSIEUR DERBOIS.

De grâce, ne me parlez pas ainsi en énigme, je ne suis pas un enfant, je puis tout entendre. Qu'y a-t-il?

MADAME RECCART.

Mon cher Roger, votre mère...

MONSIEUR DERBOIS l'interrompant.

Est malade?

MADAME RECCART.

Oui.

MONSIEUR DERBOIS.

Vraiment malade?

MADAME RECCART.

Hélas, oui !

MONSIEUR DERBOIS.

Sont-ce ses crises ?

MADAME RECCART.

Ce sont ses crises.

MONSIEUR DERBOIS.

Ah ! mon Dieu !

MADAME RECCART.

Roger, calmez-vous, la mort, Dieu merci, n'est pas à craindre.

MONSIEUR DERBOIS.

Qu'en sait-on ? La dernière crise a été si violente qu'elle est épuisée, et que tout est dangereux maintenant. (Il jette la boîte sur le guéridon.) Ma mère, faites parvenir cette boîte à Berthe, je pars immédiatement pour la Roche-Noire.

MADAME RECCART.

Quoi, vous n'allez pas voir votre fille ?

MONSIEUR DERBOIS.

Pouvez-vous me demander cela quand un devoir aussi impérieux m'appelle ailleurs ? Adieu, je vais faire atteler.

MADAME RECCART.

Pourquoi ne passeriez-vous pas par Sainte-Anne ?

MONSIEUR DERBOIS.

Parce que je trouverais ridicule de m'arrêter dix

minutes pour donner à ma fille des choses dont elle n'a que faire. Vous m'étonnez vraiment, ma mère est malade, je cours près de ma mère, dans dix minutes je serai à la Roche-Noire.

Il se dirige précipitamment vers la porte.

MADAME RECCART l'appelant.

Roger.

MONSIEUR DERBOIS se retournant.

Je vous en conjure, ne me retenez pas.

MADAME RECCART souriant.

Revenez, vous dis-je, revenez. Votre mère se porte parfaitement ; mais ce que vous pouvez faire pour elle, faites-le pour la France qui est aussi votre mère et qui se trouve à l'extrémité. Comprenez-vous ? Voici un bulletin, allez voter.

MONSIEUR DERBOIS passant la main sur son front.

Oui ! je comprends. Quelle peur vous m'avez faite ! Je suis tout saisi. Vraiment, ce n'est pas vrai ?

MADAME RECCART.

Ce n'est pas vrai, ce n'est pas de votre mère qu'il s'agit, c'est de votre patrie.

MONSIEUR DERBOIS, avec un soupir de soulagement.

J'aime mieux cela. Enfin vous avez raison, après tout il faut savoir sacrifier le plaisir au devoir et courir d'abord au plus urgent. (Prenant le bulletin.) Je sacrifie Sainte-Anne, mais je vais écrire à ma petite Berthe afin qu'elle ne s'inquiète pas.

MADAME RECCART.

Et ne manquez pas de lui dire le motif qui vous retient ici. Cela la frappera, car elle sait avec quelle tendresse vous l'aimez, et l'exemple portera ses fruits en son temps. De nos jours, on ne sait pas assez se faire estimer de ses enfants. Or, toute affection qui n'est pas fondée sur l'estime s'altère et l'estime ne s'accorde qu'à l'être qui a la puissance de s'oublier.

MONSIEUR DERBOIS, de la porte.

C'est un peu vrai, et je vous remercie, malgré l'horrible peur que vous m'avez faite. Voici Francis qui vous arrive botté et éperonné.

SCÈNE VIII

MADAME RECCART, FRANCIS, en élégant costume de chasse, le cor en bandoulière.

FRANCIS, s'avançant vers sa mère.

Adieu, mère, souhaite-moi une bonne chasse.

MADAME RECCART, gravement.

Il me semble, Francis, que tu manques au respect que tu me dois.

FRANCIS, tordant sa cravache avec embarras.

Comment au respect...

MADAME RECCART.

Oui, au respect que tu me dois. La légèreté même a ses bornes, mon fils, et ce n'est pas de cette façon que je dois apprendre que tu pars pour la partie de plaisir que je t'ai demandé de me sacrifier.

FRANCIS.

Je suis vraiment désolé que tu prennes les choses ainsi ; mais je ne puis manquer de parole à mes amis.

MADAME RECCART.

Il y a des engagements qui priment ceux-là.

FRANCIS, violemment.

Qui donc m'engage de ce côté ?

MADAME RECCART, se levant.

Moi, Francis, moi, qui représente encore la conscience quand elle reste muette devant un devoir ! moi, qui te défends d'assister à une partie de chasse tant que le scrutin est ouvert. Quand la France a été envahie je ne t'ai pas commandé d'aller mourir pour elle, car tu t'es spontanément offert, car tu as prévenu dans un héroïque élan les angoisses secrètes qui me déchiraient le cœur. Aujourd'hui c'est encore la France qu'il faut servir, et puisque mon courageux enfant hésite lâchement devant une ombre de sacrifice, j'use de cette autorité maternelle, qui sera toujours obéie chez moi, pour lui ordonner de remplir son devoir de citoyen.

FRANCIS, les sourcils froncés.

Ma mère, parles-tu sérieusement ? Est-ce sérieusement que tu portes, pardonne-moi de te le dire, une pareille atteinte à ma liberté.

MADAME RECCART.

Ta liberté! Qui donc plus que moi a le souci de t'en voir faire un noble usage? C'est sérieusement, Francis, que je te place entre un plaisir ou une rébellion. Choisis.

Un domestique ouvre la porte et introduit M. André Reccart. Francis sort.

SCÈNE IX

MADAME RECCART, MONSIEUR ANDRÉ, RECCART, MADAME DERBOIS.

MONSIEUR ANDRÉ.

Eh bien! on s'anime ici, je crois. Bon, qu'est devenu Francis?

MADAME RECCART, se rasseyant.

Il est sorti.

MONSIEUR ANDRÉ.

Quelle heure est-il?

MADAME RECCART.

Quatre heures. Avez-vous trouvé des champignons?

MONSIEUR ANDRÉ.

Pas un. Tout déroge à ces habitudes en ce monde et les champignons, eux aussi, vont secouer le joug.

MADAME RECCART.

Vous ne vous êtes peut-être pas donné la peine de

les chercher dans les meilleurs endroits. En si peu de temps d'ailleurs vous ne pouviez espérer une bonne récolte. Pourquoi êtes-vous revenu sitôt?

MONSIEUR ANDRÉ.

Pourquoi vous êtes-vous amusée à troubler ma conscience électorale?

MADAME RECCART.

Ah! je l'ai troublée!

MONSIEUR ANDRÉ.

Dites que vous l'avez mise à l'envers. Ce ne sont pas des champignons que j'ai rencontrés, ce sont des remords, et il est de fait que nous agissons comme des oisons; le temps n'est plus aux susceptibilités niaises et aux misérables questions de personnalités. Comment! Paris flambe encore, le sang des ôtages fume encore et nous retombons dans nos encroûtements, c'est un peu fort. Notre cousin en fera ce qu'il voudra, mais je cours voter pour son concurrent qui, en définitive, est un homme solide, de principes sûrs et même d'un certain talent. J'aurais pu faire beaucoup pour son élection, c'est un peu tard prononcer mon *mea culpa;* mais enfin je n'aurai pas l'abstention personnelle sur la conscience. Avez-vous revu Charles?

MADAME RECCART.

Non. Il était si affecté de la tournure que prenaient les élections par ce malheureux système d'abstention, qu'il est allé sans doute s'enfermer dans sa bibliothèque. Le voici, je crois.

MONSIEUR ANDRÉ.

Non, c'est Berthe.

SCÈNE X

Les Mêmes, MADAME DERBOIS.

MADAME DERBOIS.

Ma mère, je te félicite, tu as opéré en quelques minutes une véritable conversion. Roger pris d'un beau zèle m'oblige maintenant à faire préparer notre dîner par ma femme de chambre, il emmène à la ville notre chef afin de le faire voter. J'ai fait, un peu par malice, quelques difficultés. Il a pris sa voix de maître pour me déclarer qu'un jour d'élections on pouvait faire un mauvais dîner.

MONSIEUR ANDRÉ RECCART.

Nous tournons au sublime.

MADAME DERBOIS.

Est-ce que vous sacrifiez aussi quelque chose, mon oncle?

MONSIEUR ANDRÉ RECCART.

Ma nièce, je sacrifie : 1° une intime petite susceptibilité très vivace; 2° un plat de ces oronges exquises qui naissent après certaine pluie dans votre pré des Étangs et qu'il faut savourer à leur première ondée

MADAME DERBOIS, raillant.

Quels héroïsmes !

MONSIEUR ANDRÉ RECCART.

Ma nièce, vous êtes jeune encore, mais plus tard vous verrez le nombre de ramifications que l'égoïsme introduit dans notre malheureux être.

MADAME RECCART.

C'est un ennemi, quand on lui ouvre les portes à deux battants, il se pose en maître.

MONSIEUR ANDRÉ RECCART.

En maître absolu ; mais quelle vertu il faut pour lui fermer toutes les issues ! cela fait trembler. Sont-ce nos électeurs qui arrivent ?

MADAME DERBOIS.

C'est Francis.

SCÈNE XI

LES MÊMES, FRANCIS, en toilette de ville.

FRANCIS.

Mère, as-tu des commissions pour la ville ?

MADAME RECCART.

J'en ai une, mais c'est un petit secret. Vous permettez, André.

MONSIEUR ANDRÉ RECCART, à madame Derbois.

La commission c'est de l'embrasser.

MADAME RECCART, qui a pris la main de Francis.

Que voulez-vous, André, je suis une heureuse mère.

FRANCIS, en souriant.

Et moi, un heureux fils.

MONSIEUR ANDRÉ, à madame Derbois.

Le bonheur vient en votant. Qu'est-ce que ce bruit de sabots?

SCÈNE XII

Les Mêmes, MONSIEUR DERBOIS, JACQUES.

MONSIEUR DERBOIS.

Ma mère, j'emmène Jacques; mais il a un petit mot à vous dire.

JACQUES.

Je voulais vous demander le bonnet, not'maîtresse, on mettra la mèche rouge chez nous et je ne voudrais pas retarder le contentement de ma femme qui est, dame! si fière de son gros petit gars.

MADAME DERBOIS, regardant son mari.

Très bien pensé, Jacques.

MADAME RECCART.

Le voici, vous pouvez le mettre dans votre poche. (Se tournant vers son fils.) Comment comptes-tu te rendre à la ville, Francis?

FRANCIS.

J'ai donné ordre de seller mon cheval.

MADAME RECCART.

Et vous, Roger?

MONSIEUR DERBOIS.

J'emmène Jacques et Louis dans mon cabriolet.

MONSIEUR ANDRÉ RECCART.

Et moi? Irai-je voter sur mes deux pieds? Ce serait risquer d'arriver trop tard.

MONSIEUR DERBOIS.

Au fait le plus simple serait d'ateler le break, viendrait qui voudrait.

MADAME RECCART.

C'est une excellente idée et Charles pourrait désirer aller avec vous. Francis, va donc voir si ton père est dans sa bibliothèque.

SCÈNE XIII

LES MÊMES, MONSIEUR RECCART,
l'air sombre et agité.

MADAME RECCART, vivement.

Charles, j'envoyais ton fils te chercher; mais arrive donc, voici tout un monde d'électeurs qui t'attend.

MONSIEUR RECCART.

Est-ce une plaisanterie ?

TOUS.

Non, non.

MONSIEUR CHARLES RECCART, regardant sa femme.

Je les emmène tous, vraiment !

MADAME RECCART.

Vraiment ! cela fera cinq voix en plus pour M. Clément.

MONSIEUR ANDRÉ, se levant.

Ce qui, entre nous, ne changera rien à l'élection.

MONSIEUR RECCART, gravement.

Non évidemment, mais ces cinq voix parlant à temps en eussent peut-être donné cinq cents. Dans tous les cas, messieurs, vous savez le proverbe :

FAIS CE QUE DOIS, ADVIENNE QUE POURRA.

MYSTÈRE

PERSONNAGES

UN BLESSÉ.
UN MÉDECIN.
UNE SŒUR ou une DAME INFIRMIÈRE.

La scène représente une ambulance.

UNE AMBULANCE,
UNE SŒUR, UN MÉDECIN, UN BLESSÉ.

LA SŒUR, parlant au médecin à une certaine distance du blessé.

Il nous est arrivé, tout sanglant, de l'armée.
Sa tempe était ouverte, elle s'est refermée ;
Un de ses doigts, brisé par un éclat d'obus,
Pendait ; on l'a coupé, l'enfant n'en souffre plus ;
Je le croyais guéri de tout, hors la faiblesse,
Et je le vois saisi d'une étrange tristesse :
Tous les jours elle augmente et nous fait vraiment peur.

LE MÉDECIN.

Quelle vie est la sienne et quelle est son humeur ?

LA SŒUR.

Il vit comme un sauvage au fond de sa mansarde,
Sourd à nos questions, et quand je me hasarde
A répéter ma phrase, il ne me répond pas.
Si nous le laissons seul il se parle tout bas.

LE MÉDECIN.

Ma sœur, que mange-t-il ?

LA SŒUR.

Maintenant il refuse

Les mets les plus tentants; je le nourris par ruse.
Une fièvre sans nom le ronge, c'est certain.
Comme son front est pâle et son regard éteint!
Tout à fait insensible aux douceurs, aux reproches,
Il n'a qu'un seul plaisir : c'est d'entendre les cloches.
Quand tinte l'Angelus, entr'ouvrant ses grands yeux,
Il sourit, puis il pleure, il est morne ou joyeux.

LE MÉDECIN.

Dort-il? Et quand il dort entendez-vous ses rêves?

LA SŒUR.

Docteur, toute la nuit il a couru les grèves,
Il appelait sa mère, il disait qu'un rocher
Se dressait dans le flot, brodé comme un clocher.

LE MÉDECIN.

Il ne s'agite ainsi que pendant qu'il sommeille?

LA SŒUR.

Non, la torpeur revient aussitôt qu'il s'éveille.
On voit ce brave enfant, si pieux et si doux,
Rester des jours entiers les poings sur les genoux.
On entendrait son cœur battre dans sa poitrine.
Nous ne devinons pas quel nouveau mal le mine.
Ses blessures vont bien, nous croyions le guérir,
Voici qu'à petit feu nous le voyons mourir
Et s'user lentement en tristesse énervante.
Il est pour la maison une énigme vivante.

LE MÉDECIN.

Laissez-moi lui parler.

Le docteur s'approche du blessé.

LE MÉDECIN.
>Mon ami, souffrez-vous?

LE BLESSÉ.
Non, je ne souffre pas.

LE MÉDECIN.
>Ah! Comment bat ce pouls?
Au camp l'on mangeait peu. Prenez votre revanche,
Voici du bœuf rôti, du pain doré sur tranche.

LE BLESSÉ.
Si c'était du pain noir!

LE MÉDECIN.
>Voici d'excellent vin,
Sa couleur est superbe et son bouquet surfin.

LE BLESSÉ.
Chez nous le cidre chaud, monsieur, sert de tisane,
Je n'ai pas soif de vin.

LE MÉDECIN.
>Aussi je vous chicane.
Si vous vous étendiez sur ce lit de repos?

LE BLESSÉ.
Ah! comme je dormais dans mon pauvre lit clos!

LE MÉDECIN.
On dort partout. Comment cette grande fenêtre
N'est-elle pas ouverte, elle devrait bien l'être.

LE BLESSÉ.
Pourquoi regarderais-je et ces toits et ce mur?

LE MÉDECIN.

Pour nous faire plaisir, Breton au cerveau dur.
Les sœurs veulent guérir leur brave militaire.

LE BLESSÉ.

Je les aime beaucoup. Reverrai-je ma mère ?

LE MÉDECIN.

Oui, bercez-vous le cœur, enfant, de cet espoir.

LE BLESSÉ, joignant les mains avec désespoir.

J'ai peur, mon Dieu, j'ai peur de ne pas la revoir.

LA SŒUR, approchant.

Il a parlé ! qu'a-t-il ; quel est donc ce mystère ?
Comment vaincre ce mal ? Docteur, que faut-il faire ?

LE MÉDECIN, l'amenant sur le devant de la scène.

Rien ! nous ne pouvons rien contre le mal des cœurs,
Le scalpel n'atteint pas jusqu'à ces profondeurs.
Nous sommes impuissants pour les blessures d'âme.
Le fourreau chez cet homme est usé par la lame.
Rendez-lui ses parents, ses grèves, ses taillis,
Le mal dont il se meurt : c'est le mal du pays.

TABLE DES MATIÈRES

Un rêveur...	1
Le doigt mouillé...................................	91
Païenne et chrétienne.............................	151
Sous le même toit..................................	171
Fais ce que dois, advienne que pourra............	233
Mystère...	275

DOUBLOTON. —

Imprimeries réunies, B, rue Mignon, 2.

www.ingramcontent.com/pod-product-compliance
Lightning Source LLC
Chambersburg PA
CBHW050627170426
43200CB00008B/919